À MARIE

Du même auteur
aux éditions du Cerf

Afin que vous donniez du fruit, 2021

Notre Père, 2020

Que vaut le corps humain ?
(avec Dominique FOLSCHEID
et Brice DE MALHERBE), 2020

Tu m'as consacré d'un parfum de joie, 2019

Ceci est mon corps, 2018

Critique de la raison transhumaniste
(avec Brice DE MALHERBE), 2018

Le secret médical, 2016

Tu as couvert ma honte, 2016
(Prix du Livre de spiritualité) ; rééd. « Lexio », 2019

Signe dans la Bible.
Le guide de lecture de Retraite dans la ville
(avec Adrien CANDIARD et Hervé PONSOT), 2015

Marcher vers l'innocence, 2015

Des larmes, 2012

ANNE LÉCU

À MARIE

Lettres

LES ÉDITIONS DU CERF

www.editionsducerf.fr
24, rue des Tanneries
75013 Paris

ISBN 978-2-204-15312-6
ISSN 2417-7377

Pour tous les pèlerins du Rosaire,
et spécialement pour
le frère Olivier de saint Martin.

Le 17 décembre.

Marie,

Quand j'étais enfant, je t'ai beaucoup parlé. Je me souviens être allée te supplier dans une église de vacances pour qu'un de mes proches guérisse d'un calcul rénal qui lui faisait mal. Et puis, en grandissant, je t'ai laissée, effrayée des dévots qui trahissaient ce visage jeune, vivant, que j'aimais de toi. Il m'a fallu beaucoup de temps pour à nouveau suivre du dedans le pas du petit peuple des croyants et t'approcher sans crainte de trahir ni ceux qui se confient en toi, ni ceux qui ne supportent pas vierges en plastique et objets dérivés.

Le début de l'évangile selon Matthieu a ouvert en moi le désir de t'écrire. J'ai entendu comme en murmure la voix de l'ange adressée à Joseph qui vient de découvrir que tu es enceinte : « Ne crains pas de prendre chez toi Marie. » Prendre chez soi Marie. C'est peut-être une idée pour le temps qui vient. Oui, je vais te prendre chez moi quelque temps, le temps de te rapprivoiser ou peut-être un peu plus.

Je suis devant toi comme ta sœur lointaine, une cadette d'adoption, et pourtant je crois que tu peux m'apprendre rien de moins que la foi et l'intériorité. Oui, il me semble que toi qui as cru, tu peux m'aider à apprendre à croire, à moi micro-croyante. Tu peux m'offrir d'accéder à ta foi, comme on offre de l'eau, claire et simple. Le plus nécessaire, le plus vital même. Offert par toi à qui demande. T'écrire ainsi, c'est boire à la source pure d'un cours d'eau sauvage.

Le 18 décembre.

Marie,

Il fait nuit, cette longue nuit du solstice d'hiver qui approche, plus longue que les jours. Il fait nuit, comme souvent dans la vie des hommes et des femmes de ce monde, dont tant peinent à voir poindre l'aurore.

Il se trouve que dans quelques jours nos sœurs et frères juifs inaugureront Hanoukka, la fête des lumières, célébrée pendant huit jours. Ils feront mémoire du retour des déportés et de la nouvelle consécration du temple de Jérusalem. Heureuse coïncidence : cette année, cette fête débute pour eux avec le solstice. Peut-être, quand tu étais enfant, était-ce toi qui allumais cierge après cierge la Menorah. Je t'imagine lumineuse dans la nuit, heureuse d'annoncer la fin des ténèbres, guettant les étoiles, portée sur le dos de ton père, dont la tradition biblique tait le nom mais que l'on appelle Joachim, époux de Hannah, Anne ta mère, dont je porte le nom. Joachim, Joiaqim, « le Seigneur met debout ». Et Anne, Hannah, « grâce », comme la mère de Samuel, la mère de Tobie, et la vieille veuve du temple, de la tribu d'Aser, que tu rencontreras. Prénoms prometteurs. Je ne remercierai jamais assez mes parents de m'avoir donné ce nom du fond des âges qui me rattache à toi et à une lignée de matriarches tenaces, croyantes, debout.

Il fait nuit, et dans nos maisons d'Occident, les enfants ont ton visage. Ils attendent la fête et les cadeaux qui leur seront faits. La lumière des cierges a été remplacée par celle des vitrines ; je ne saurais dire si c'est dommage ou non, tant l'attente de la fin de la nuit nous habite tous sous des aspects divers. Nous ne savons simplement plus la nommer, mais elle est là. Et les jeunes comme les vieux enfants que nous sommes devenus, l'espèrent sans très bien savoir ce qu'elle peut dévoiler. C'est peut-être pour cela que le temps de Noël est si difficile pour tant d'entre nous. Nous savons bien que les lumières des villes et des vitrines ne nous consolent pas de la solitude, et de l'immense difficulté que nous avons à vivre ensemble dans la concorde, la paix et le souci des autres. La joie des enfants calme la brûlure de cette attente sans nom, mais ne la guérit pas.

À quoi rêvais-tu Marie, dans les nuits de ton enfance ? À qui rêvais-tu ? Parlais-tu à ton Dieu en allumant les lumières du chandelier qui éclairait la maison ? On raconte que tes parents t'ont emmenée au temple, toute jeune. On raconte que ta maman a insisté pour que l'on attende tes trois ans, afin de te garder près d'eux. Je vois tes yeux dans les yeux rieurs de ma nièce de deux ans, et j'entends Anne, ta maman, te trouver belle, et encore si petite. On raconte qu'arrivée au temple, tu t'es mise à danser. Qu'y as-tu découvert ? Est-ce là que tu t'es mise à tutoyer les étoiles et à parler aux anges ? Rien n'est dit dans la Bible de ton enfance, ni de ta famille. Ailleurs, on a beaucoup écrit, on a glosé. Je relis le *Protévangile* de Jacques, ce texte apocryphe qui relate tes premiers pas. Ton père aurait été riche, et tes parents auraient promis d'offrir leur enfant au temple si la joie leur était donnée d'en accueillir un.

Pour l'enfant, les mois s'ajoutaient aux mois. Et l'enfant eut deux ans, et Joaquim dit : « Conduisons-la au temple du Seigneur pour accomplir la promesse que nous avons faite, de peur que le maître n'envoie la chercher et que notre offrande ne soit plus admise. » Et Anne dit : « Attendons sa troisième année pour qu'elle ne cherche pas son père ou sa mère. » Et Joaquim dit : « Attendons. »

Or, l'enfant eut trois ans. Et Joaquim dit : « Appelons les filles des Hébreux qui sont sans tache ; qu'elles prennent chacune une lampe et que ces lampes soient allumées pour qu'elle ne se retourne pas en arrière et que son cœur ne soit pas retenu captif hors du Temple du Seigneur. » Et le prêtre la reçut, et l'ayant embrassée, il la bénit et dit : « Le Seigneur Dieu a exalté ton nom dans toutes les générations. En toi, aux derniers jours, le Seigneur manifestera la rédemption aux fils d'Israël. » Et il la plaça sur le troisième degré de l'autel. Et le Seigneur fit descendre sa grâce sur elle, et ses pieds se mirent à danser et toute la maison d'Israël l'aima[1].

J'aime pourtant ne rien savoir, imaginer ta vie simple, au village, à courir dans les rues après les papillons, à rêver aux formes des nuages. Je te vois te regarder dans l'eau, tremper ta petite main pour sentir le cours du ruisseau, ouvrir grand la bouche pour goûter la pluie. Je te vois rire, marcher, danser, je te vois chanter. Faire la grimace aussi, quand ta maman te présente un plat qui

1. *Protévangile de Jacques*, 7, 1-3, dans *Écrits apocryphes chrétiens*, Paris, Gallimard, coll. « Bibliothèque de la Pléiade », 1997, p. 88.

ne te plaît pas. Plus grande, tu as sans doute appris ce qu'il convient aux filles de savoir. La cuisine. Cuire le pain. Ramasser les figues pour en faire des chaussons. Peut-être as-tu appris à tisser, à coudre. Le Protévangile de Jacques raconte que tu filais, et que tu avais participé au tissage du voile du temple en filant la partie écarlate du tissu. Mais peut-être aussi es-tu allée pêcher avec ton père, ou garder les moutons ? Étais-tu bergère toi aussi ? Comme Rachel dont les yeux ont pleuré avant toi la mort de ses enfants ? Sans doute n'étais-tu finalement pas bien riche. La Galilée de ton enfance ne semblait guère recommandable. Terre de marchands, cosmopolite, au-delà de la Samarie, loin de Jérusalem. Nathanaël le lettré dira d'ailleurs plus tard : « De Nazareth peut-il sortir quelque chose de bon ? » (Jean 1, 46)

C'est étonnant, je t'imagine volontiers gardant les moutons et les chèvres. Peut-être même savais-tu faire le fromage ? Je t'imagine comme Bernadette au bord du Gave, jeune fille comme toi, droite et claire, comme toi. Les bergers de ton époque n'étaient guère fréquentables. Pourtant, je te vois plaisanter avec eux, sans crainte, et je les vois, eux, te respecter, parce que tu es belle et sans détour.

Tu sais, quand je te cherche dans les statues de plâtre de mon enfance, je n'ai pas envie de te parler. Mais à t'écrire, voilà que tu t'animes. Les femmes d'Israël te donnent vie. Tu es fille d'Israël, fille du peuple saint, et tu tiens de chacune des femmes de ce peuple. As-tu les cheveux de Sarah, ou les yeux de Rebecca ? As-tu appris à chanter de Myriam, ton homonyme, guerrière et victorieuse au côté de son frère Moïse ? Sans doute as-tu la patience de Ruth, le courage de Judith et la fierté d'Esther. En tes traits se rassemblent de nombreux portraits, et peut-être aussi nos traits à nous, lointaines sœurs d'autres temps et d'autres lieux.

Le 19 décembre.

Chère Marie,

Décidément, préparer Noël en t'écrivant est une idée qui me réjouit. Quel âge avais-tu quand tes parents t'ont promise à Joseph ? Le connaissais-tu ? J'espère de tout mon cœur que tu le connaissais et que tu l'aimais. Certes, je raisonne avec mon siècle, mais Nazareth n'était pas si grand. Bien sûr, tu le connaissais.

De lui, on ne sait que son nom, qui dessine un arc-en-ciel jusqu'à la Genèse et cet autre Joseph, dont le nom signifie « Que Dieu en ajoute un autre[1] ». C'était l'enfant préféré de Jacob, le premier fils de Rachel. Son nom annonçait son frère cadet. Et comme son lointain ancêtre, le père de ton Joseph à toi se nomme Jacob. Joseph est fils de Jacob, fils de David, fils d'Abraham et fils de Dieu insiste Matthieu. Il est aussi fils de Tamar, fils de Rahab la prostituée, fils de Ruth l'étrangère, et fils de Bethsabée, qui n'est pas nommée, elle que David avait « volée » à Urie son compagnon d'arme pour la mettre dans son lit. Étrange lignée qui nous ressemble, faite d'hommes et de femmes pas tous recommandables, qui se sont arrangés comme ils ont

1. Voir Philippe Lefebvre, *Joseph, l'éloquence d'un taciturne*, Paris, Salvator, 2012.

pu avec la vie. Nous sommes tous des métis. Rien de nouveau sous le soleil.

Livre de la genèse de Jésus Christ, fils de David, fils d'Abraham :

Abraham engendra Isaac, Isaac engendra Jacob, Jacob engendra Juda et ses frères, Juda engendra Pharès et Zara, de Thamar, Pharès engendra Esrom, Esrom engendra Aram, Aram engendra Aminadab, Aminadab engendra Naasson, Naasson engendra Salmon, Salmon engendra Booz, de Rahab, Booz engendra Jobed, de Ruth, Jobed engendra Jessé, Jessé engendra le roi David.

David engendra Salomon, de la femme d'Urie, Salomon engendra Roboam, Roboam engendra Abia, Abia engendra Asa, Asa engendra Josaphat, Josaphat engendra Joram, Joram engendra Ozias, Ozias engendra Joatham, Joatham engendra Achaz, Achaz engendra Ezéchias, Ezéchias engendra Manassé, Manassé engendra Amon, Amon engendra Josias, Josias engendra Jéchonias et ses frères ; ce fut alors la déportation à Babylone.

Après la déportation à Babylone, Jéchonias engendra Salathiel, Salathiel engendra Zorobabel, Zorobabel engendra Abioud, Abioud engendra Eliakim, Eliakim engendra Azor, Azor engendra Sadok, Sadok engendra Akhim, Akhim engendra Elioud, Elioud engendra Eléazar, Eléazar engendra Matthan, Matthan engendra Jacob, Jacob engendra Joseph, l'époux de Marie, de laquelle naquit Jésus, que l'on appelle Christ.

Le total des générations est donc : d'Abraham à David, quatorze générations ; de David à la déportation de Babylone, quatorze générations ; de la déportation de Babylone au Christ, quatorze générations [Matthieu 1, 1-17].

Joseph est de la maison de David, il devrait habiter en Judée, mais lui aussi est à Nazareth, ce petit village de pas grand-chose. C'est un homme juste et bon. La preuve, il ne te met pas dehors quand il découvre que tu es enceinte. Pourtant, je ne peux imaginer le choc qu'il a reçu, et le scandale, à demi-mot, dans le village. Mais l'évangile, dans sa sobriété, ne met en scène aucune parole ni aucun geste malheureux de sa part. Tout se passe mystérieusement, à travers des songes. Sauf pour toi.

Toi Marie, ce n'est pas en songe que l'ange vient te visiter. Mais avant cette rencontre, l'ange Gabriel – dont le nom signifie peut-être « Dieu est fort » – avait autrefois été chargé d'expliquer à Daniel ses visions. C'est un ange familier des songes et des annonces. Il devait être bien effrayant, car Daniel a perdu connaissance à plusieurs reprises devant lui[2]. C'est peut-être la raison pour laquelle tant auprès de Zacharie que de Joseph et de toi Marie, Gabriel, l'ange des annonces, s'invite doucement dans les songes et insiste en disant « Ne crains pas ».

Marie, nous pourrions ensemble feuilleter l'album de tes souvenirs. Tu me prendrais par la main et tu me raconterais les mots de Gabriel, ceux qu'il a dit à Zacharie dans la vision du temple, et ceux qu'il a dit à Joseph dans son sommeil. Raconte-moi dans le livre, raconte-moi Marie, cette folie qui t'est arrivée !

Il y eut aux jours d'Hérode, roi de Judée, un prêtre du nom de Zacharie, de la classe d'Abia, et il avait pour

2. Voir Daniel 8, 16 s. et 9, 21 s.

femme une descendante d'Aaron, dont le nom était Élisabeth. Tous deux étaient justes devant Dieu, et ils suivaient, irréprochables, tous les commandements et observances du Seigneur. Mais ils n'avaient pas d'enfant, parce qu'Élisabeth était stérile et que tous deux étaient avancés en âge.

Or il advint, comme il remplissait devant Dieu les fonctions sacerdotales au tour de sa classe, qu'il fut, suivant la coutume sacerdotale, désigné par le sort pour entrer dans le sanctuaire du Seigneur et y brûler l'encens. Et toute la multitude du peuple était en prière, dehors, à l'heure de l'encens.

Alors lui apparut l'Ange du Seigneur, debout à droite de l'autel de l'encens. À cette vue, Zacharie fut troublé et la crainte fondit sur lui. Mais l'ange lui dit : « Sois sans crainte, Zacharie, car ta supplication a été exaucée ; ta femme Élisabeth t'enfantera un fils, et tu l'appelleras du nom de Jean. Tu auras joie et allégresse, et beaucoup se réjouiront de sa naissance. Car il sera grand devant le Seigneur ; il ne boira ni vin ni boisson forte ; il sera rempli d'Esprit Saint dès le sein de sa mère et il ramènera de nombreux fils d'Israël au Seigneur, leur Dieu. Il marchera devant lui avec l'esprit et la puissance d'Élie, pour ramener le cœur des pères vers les enfants et les rebelles à la prudence des justes, préparant au Seigneur un peuple bien disposé. »

Zacharie dit à l'ange : « À quoi connaîtrai-je cela ? Car moi je suis un vieillard et ma femme est avancée en âge. »

Et l'ange lui répondit : « Moi je suis Gabriel, qui me tiens devant Dieu, et j'ai été envoyé pour te parler et t'annoncer cette bonne nouvelle. Et voici que tu vas être réduit au silence et sans pouvoir parler jusqu'au jour où ces choses arriveront, parce que tu n'as pas cru à mes paroles, lesquelles s'accompliront en leur temps. »

Le peuple cependant attendait Zacharie et s'étonnait qu'il s'attardât dans le sanctuaire. Mais quand il sortit, il ne pouvait leur parler, et ils comprirent qu'il avait eu une vision dans le sanctuaire. Pour lui, il leur faisait des signes et demeurait muet. Et il advint, quand ses jours de service furent accomplis, qu'il s'en retourna chez lui.

Quelque temps après, sa femme Élisabeth conçut, et elle se tenait cachée cinq mois durant.

« Voilà donc, disait-elle, ce qu'a fait pour moi le Seigneur, au temps où il lui a plu d'enlever mon opprobre parmi les hommes ! » [Luc 5, 1-25].

Ta vieille cousine est enceinte, tu le sais depuis peu car elle a gardé le secret cinq mois. C'était tellement inattendu cette grossesse à son âge. Ta cousine est de la famille d'Aaron, le premier grand prêtre, frère de Moïse. Elle porte d'ailleurs le nom de l'épouse d'Aaron, Élisabeth, ce qui signifie « mon Dieu est plénitude ». Et son mari, Zacharie, « Dieu se souvient », est prêtre. Nous sommes chez les lévites, voués au service du sanctuaire. Ils vivent en Judée, dans le Haut pays, sans doute assez près de Jérusalem pour que Zacharie puisse y assurer son service au temple. Ils sont justes et n'ont pas d'enfant.

Vieillir sans enfant, alors que l'on en a espéré est une douleur difficile à partager. Quelque chose comme un grand vide et une grande pauvreté. La véritable richesse, ce sont les enfants, ils sont la joie des yeux de leurs parents et la consolation de leurs vieux jours. À ton époque, Marie, la stérilité pouvait être honteuse, comme si Dieu avait refusé le fruit du ventre, une forme de malédiction. Il se trouvera toujours quelqu'un pour interpréter cela. « Qu'ont-ils fait l'un ou l'autre pour ne pas être béni d'une descendance ? » « Ou que n'ont-ils pas fait ? » Les langues tordues aiment à chercher du mal là où il n'y a que du malheur. Mais ce malheur, Dieu l'entend. Quand il a fallu longtemps attendre pour que naisse l'enfant, l'annonce de sa venue est une bouleversante nouvelle.

On raconte que c'est dans le temple, alors qu'il fait brûler l'encens, que l'ange de Dieu vint à Zacharie. L'encens monte vers Dieu en emportant la prière des hommes, et le nuage qu'il forme permet à Dieu de se faire tout proche sans se faire voir, sans que l'on puisse mettre la main dessus. Ainsi abrité, dissimulé dans les volutes qui montent à lui, Dieu peut mieux se faire entendre. L'encens est propice aux annonciations. Celle que reçoit Zacharie le laisse muet. Est-ce parce qu'il n'y croit qu'à moitié ? Gabriel lui-même le dit. Il me semble que d'avoir tant attendu un enfant et de comprendre subitement qu'il va venir, le laisse tout simplement sans voix. « Comment un tel bonheur est-il possible dans ma vieille vie, dans mon vieux corps ? » Peut-être manque-t-il de foi, mais cela n'affecte pas la décision de son Dieu ; avec ou sans doute, la parole annoncée par l'ange va se réaliser, et je trouve cela magnifique et très réconfortant. Oui, Marie, nous pouvons douter de Dieu, mais lui croit en nous plus que nous-mêmes et prend notre pas, le temps nécessaire pour que nous apprenions à le recevoir. Le silence donné à Zacharie forme en lui la parole pendant que dans le sein d'Élisabeth, l'enfant se forme. Zacharie va se taire pour enfanter à nouveau des mots. Neuf mois de silence pour ne pas déparler.

Élisabeth habite ce silence avec son époux. Une fois enceinte, elle se cache et s'entoure de secret, cinq mois, le temps d'être bien sûre que cela est bien vrai. Toutes les matriarches de l'Écriture veillent sur son berceau, Sarah bien sûr, et Rebecca, et Rachel, toutes stériles durant un temps, Anne, mère de Samuel le prophète, qui pleurait dans le temple pour demander un fils, la femme de Manoah, mère de Samson à qui Jean le Baptiste ressemblera comme un frère, lui qui ne boira ni liqueur ni vin pour être empli de la seule ivresse de l'Esprit. Et toi, qui viens les rejoindre.

Élisabeth n'aura ni songe, ni visite d'ange. Au contraire des matriarches qui crient vers Dieu que leur ventre est vide, nul ne connaît sa supplication ni la souffrance qui l'a précédée. Mais elle recevra ta visite, bien en chair, habitée du dedans, toi Marie, qui vaut plus que tous les anges. Cependant, dis-moi une chose ? Comment l'évangéliste peut-il ainsi se glisser dans la vision entre un homme et un ange pour la relater ? Le plus intime de la foi d'un homme ou d'une femme reste indicible. Qui lui a raconté ce qui s'était passé ? Je sais bien que les évangélistes ne sont ni des journalistes, ni des historiens, mais des théologiens. Je sais qu'ils mettent en scène une révélation, celle de l'incarnation de Dieu dans la personne de Jésus qui prend notre peau, pour que nous puissions croire qu'elle est digne de Dieu. Mais qui leur a donné ce tact, cette justesse dans le ton, qui nous rend témoin de ce qui t'est arrivé à toi et à tes proches, cet événement hors de toute proportion qui modifie le cours du monde ? N'est-ce pas aussi lui, l'évangéliste, qui aurait perçu dans sa propre existence un ange, un messager, ou « quelque chose » de ce Dieu qui s'est aussi révélé à Zacharie, à toi et aux autres ? C'est peut-être cela, se tenir « à l'ombre de l'Esprit » ? Qu'en penses-tu Marie ?

Le 20 décembre.

Pardonne-moi Marie, ce soir je t'écris tard. Une femme de la prison où je travaille est partie à l'hôpital pour surveiller sa grossesse. Inutile de te dire que j'ai pensé à toi. Elle est seule, son mari vit au-delà des mers, si tant est qu'il existe. Je lui souhaite de rencontrer quelques anges lors de son accouchement, dans la personne de celles et ceux qui vont l'aider à donner au jour l'enfant qu'elle porte. Ce serait aujourd'hui, tu accoucherais peut-être là, dans ce lieu où l'on met les personnes pour qui il n'y a « pas de place » ailleurs, pour de multiples raisons que tu sais aussi bien que moi. Ces femmes sont tes sœurs, et du sein de Dieu où ta vie désormais se tient, tu les connais du dedans de leur cœur, tu sais la clarté du fond de leur être, ce lieu d'innocence qui ne peut être abîmé par rien, car il est le lieu de notre ressemblance au Créateur. Elles peuvent avoir oublié cette innocence, l'avoir recouverte d'actions plus ou moins glorieuses, de délits, et parfois même de crimes, cela je le sais bien, il n'empêche qu'il demeure en elles comme en chacun de nous un lieu immaculé, comme toi tout entière tu l'es, qui est leur identité la plus profonde, l'endroit où la Parole du Créateur peut être entendue et reçue, quoi qu'il arrive. Puissent-elles trouver des visiteurs qui leur parlent en ce lieu-là, et leur donnent à croire qu'il existe ! La naissance d'un enfant advient en ce lieu-là, je crois. Tu le sais Marie, n'est-ce pas ?

Le 20 décembre

Tu me ramènes à ce que Luc raconte, et j'aimerais le découvrir par tes yeux. Au sixième mois de la grossesse d'Élisabeth, l'ange entre chez toi. L'évangile ouvre cette scène par une phrase solennelle qui pose chacun des personnages : « Au sixième mois, l'ange Gabriel est envoyé par Dieu dans une ville de Galilée du nom de Nazareth vers une vierge, promise à un homme du nom de Joseph, de la maison de David, et le nom de la vierge : Marie. »

Comment cela se passe lorsqu'un ange vient visiter quelqu'un ? Comment as-tu su qu'il venait de Dieu ? As-tu eu peur ? Était-ce le matin ou le soir ? Il me semble que c'est de nuit qu'il vint, car tout ce qui compte dans l'histoire sainte arrive la nuit. Oui, je vois cet ange entrer dans la pénombre de ta maison, chez toi, et te parler comme ton plus vieil ami le ferait. Quel âge as-tu lorsqu'il vient ? Quatorze ans ? Quinze ans ? Tu es encore presque une enfant. Tu aimes jouer encore, et courir dans les sentiers de Galilée avec tes amies. L'une ou l'autre déjà est promise à tel ou tel, mais en douce, entre vous, vous parlez des garçons et les guettez du coin de l'œil. Es-tu heureuse d'avoir été choisie pour Joseph ? Je crois que oui.

Que comprends-tu de cet ange ? Est-ce une lumière, comme une certitude soudaine ? Est-ce une parole que tu entends au fond de toi ? Est-ce le souvenir du regard de Joseph, profond et aimant, qui te fait prendre conscience de quelque chose de plus profond encore, de plus intérieur ? Comment peut-on parler de la visite d'un ange, sinon sous forme allusive ? Ou bien – je n'ai jamais vécu cela, mais j'en connais qui ont connu quelque chose de semblable – est-ce tout simplement Dieu, ou une forme de sa présence qui s'installe et s'assoit à ta table pour te parler face à face, comme un ami parle à son amie ? Je devine quelque chose comme une grande clarté soudaine, rien d'aveuglant, mais la clarté de l'évidence. Ou encore une présence, dense, comme la présence évidente de celles et ceux qu'on aime. Une telle présence change tout, y compris la couleur du ciel et la tonalité de l'air. Un bruissement d'air, un léger parfum, et tout est neuf.

> Le sixième mois, l'ange Gabriel fut envoyé par Dieu dans une ville de Galilée, du nom de Nazareth, à une vierge fiancée à un homme du nom de Joseph, de la maison de David, et le nom de la vierge était Marie. Il entra et lui dit : « Réjouis-toi, comblée de grâce, le Seigneur est avec toi. »
>
> À cette parole, elle fut toute troublée, et elle se demandait ce que signifiait cette salutation. Et l'ange lui dit : « Sois sans crainte, Marie ; tu as trouvé grâce auprès de Dieu. Voici que tu concevras dans ton sein et enfanteras un fils, et tu l'appelleras du nom de Jésus. Il sera grand, et sera appelé Fils du Très Haut. Le Seigneur Dieu lui donnera le trône de David, son père ; il régnera sur la maison de Jacob pour les siècles et son règne n'aura pas de fin. »
>
> Marie dit à l'ange : « Comment cela sera-t-il puisque je ne connais pas d'homme » ? L'ange lui répondit : « L'Esprit Saint viendra sur toi, et la puissance du Très Haut te prendra sous son ombre ; c'est pourquoi l'être saint qui naîtra sera appelé Fils de Dieu. Et voici qu'Élisabeth, ta parente, vient, elle aussi, de concevoir un fils dans sa vieillesse, et elle en est à son sixième mois, elle qu'on appelait la stérile ; car rien n'est impossible à Dieu. »

Marie dit alors : « Je suis la servante du Seigneur ; qu'il m'advienne selon ta parole ! » Et l'ange la quitta [Luc 1, 26-38].

À en croire Luc, les premières paroles de l'ange sont une bénédiction : « Grâce sur toi, comblée de grâce, le Seigneur est avec toi. » Il ne prononce pas d'emblée ton nom, comme s'il se tenait lui-même sur la réserve, impressionné (si tant est que puisse l'être un ange) par l'annonce qu'il porte. J'aime à entendre dans cette première annonce sans adresse une promesse pour chacun de nous. La grâce qui vient sur toi vient sur nous et sur l'humanité entière, et tu es toi, Marie, la messagère de cette grâce à tous adressée. Le Seigneur est avec toi, et voilà qu'il est avec nous, comme son nom, Emmanuel, prononcé du fond des âges par Isaïe le prophète, l'a promis. Avec toi, avec nous, avec tous, une fois pour toutes.

Pour conjurer le trouble qui t'assaille, les secondes paroles du messager viennent te rassurer. « Ne crains pas, Marie, tu as trouvé grâce auprès de Dieu. » Cette fois, il s'adresse bien à toi, et te redis le cadeau de ton Dieu, gratuit, sa présence pour toi, avec toi, et bientôt en toi. Sais-tu, Marie, que grâce à toi, parce que tu as reçu ces mots de Dieu même, au fond de ton être, sans obstacle, sais-tu que chacun de nous peut désormais les entendre pour lui ? Sais-tu que par ton accueil immédiat de la présence divine, tu nous as donnés de l'entendre ? Sais-tu que dans ton acquiescement, se tient la possibilité pour nous de consentir au don de la présence de Dieu, ce que nous percevons dans le vieux mot de grâce ?

Il ne m'est pas possible d'imaginer ce moment où tout ton être est tendu vers ce qui t'advient, car il n'appartient qu'à toi. Mais il m'est possible de me souvenir d'instants où le jaillissement d'une parole ou d'un événement m'a saisie. J'admire que tu trouves le ressort de te demander ce dont il s'agit, j'admire que tu aies ce recul, cette forme de sagesse, devant Dieu lui-même qui s'invite, un recul qui n'a rien d'un doute, mais relève plutôt d'une forme de liberté intérieure. Peut-être, à ce moment-là, te souviens-tu comme malgré toi des Écritures ? Penses-tu au premier messager de la Genèse qui vient annoncer un fils à la servante étrangère d'Abraham, Agar ? Ce que nous transmet Luc des paroles de l'ange est un séisme. Une chose folle et impossible. « Tu concevras dans ton sein et tu enfanteras un fils, et tu l'appelleras de son nom : Jésus. » Et toi, tu restes là, debout, bien droite, comme une adolescente qui ne se laisse pas démonter, et tu poses une unique question précise, concrète : « Comment cela sera-t-il puisque d'hommes, je ne connais pas ? » Il n'est pas impossible qu'à ce moment tu te souviennes de ce qui est écrit au livre du Deutéronome concernant les jeunes filles qui se retrouvent enceintes. Et pourtant tu ne cilles pas !

> Si une jeune fille vierge est fiancée à un homme, qu'un autre homme la rencontre dans la ville et couche avec elle, vous les conduirez tous deux à la porte de cette ville et vous les lapiderez jusqu'à ce que mort s'ensuive : la jeune fille parce qu'elle n'a pas appelé au secours dans la ville, et l'homme parce qu'il a usé de la femme de son prochain [Deutéronome 22, 23-24].

Le 20 décembre

Ta question vaut-elle consentement ? Qui peut dire qu'il est d'accord quand Dieu fait effraction dans sa vie ? As-tu conscience du danger que ton Dieu te fait courir ? Ou bien, au contraire, ta confiance est-elle suffisamment charpentée pour ne rien craindre à l'ombre de l'Esprit ? Es-tu absolument, délibérément prête à tout ce qui arrivera ? J'avoue qu'une telle confiance m'impressionne et me fait un peu peur. Sauf à croire que ce qui surgit alors du fond de ton être s'apparente au consentement de celui ou celle qui tombe amoureux, et qui adhère de tout son être à l'avènement qui s'impose à lui ? Pourrais-tu, s'il te plaît Marie, m'apprendre un peu de ta confiance libre et droite, bien loin de toute soumission et de tout aveuglement ?

L'ange te répond en trois temps. Il t'annonce que l'Esprit saint viendra sur toi ; il ne te dit pas quand. Peut-être est-il là au moment même où il te parle. Peut-être la fin de la nuit et le grand silence qui envelopperont tes pensées seront-ils abrités à l'ombre de l'Esprit, qu'importe. Sœur Jeanne d'Arc dans sa belle traduction écrit ainsi les mots de l'archange : « Puissance du Très Haut t'obombrera. » Tu seras abritée par la fraîcheur de l'Esprit, en sécurité sous son ombre. Même à ton insu, cette protection durera ta vie durant. Puis l'ange assure sa parole en te donnant l'exemple de ta cousine, qui contre toute attente est enceinte de six mois. Comment reçois-tu cette nouvelle, et que provoque-t-elle chez toi ? Tu viens de recevoir le plus étonnant des messages, et déjà ton ange te décentre et t'envoie t'occuper de quelqu'un d'autre. Double annonciation, en somme ! Ta vie est désormais pour toujours décentrée par ton

Dieu. En t'orientant vers l'extérieur, vers les autres et vers Lui, le Tout Autre, il t'agrandit du dedans et permet à la vie de circuler en toi, et autour de toi. Magnifique leçon pour nous-mêmes. Enfin, il te donne un viatique, dans lequel toute ta vie tu trouveras un abri : « Rien n'est impossible à Dieu. » Aucun mot, aucune chose. L'ombre de ces mots et l'ombre de l'Esprit seront ta demeure ta vie durant. Tu découvres, Marie, et avec toi nous pouvons aussi le découvrir, qu'à l'ombre de l'Esprit il y a de la place pour chacun.

Alors tu lui réponds, aussi naturellement que tu l'avais questionné. Tu lui réponds avec des mots que nous devrions tous pouvoir dire aussi simplement à Dieu, mais souvent nous ne le faisons pas, car nous n'avons pas laissé descendre au fond de nous le viatique comme toi tu l'as fait : « Voici : la servante du Seigneur. Qu'il m'advienne selon ton mot. » Pourtant, parce que tu l'as dit comme ça, directement, oui, simplement, je crois que nous pouvons aussi apprendre à le dire, à le croire, à en vivre. « Qu'il m'advienne Seigneur, selon ta parole ».

Puis l'ange s'en va.

Comment t'es-tu sentie après son départ ? Je ne sais pas comment on vit la visite d'un ange. Je sais encore moins comment on supporte son départ. Quel vide ! Enfin, pour toi peut-être que non, car par l'intermédiaire de son messager ton Dieu t'a emplie d'une présence qui creuse.

As-tu cru avoir rêvé ? Il me semble que non, car tu es plus réveillée que jamais, plus vivante que jamais, et désormais, tu marches, vas et viens obombrée d'Esprit saint. Peut-être même danses-tu comme autrefois au temple, lors de tes trois ans. As-tu compris ce qui t'arrive ? As-tu compris que désormais c'est toi le temple, ton corps offert comme un temple à ton Dieu ? Mais qui comprend vraiment ce qui lui arrive au moment même où cela advient ? Nous sommes des êtres de l'après coup, il nous faut réfléchir, revenir à ce qui est advenu pour le faire nôtre. L'immédiat nous va mal, alors qu'il va si bien à Dieu.

J'imagine tes amies, devant ton visage. Elles ont dû penser que tu étais tombée amoureuse. Peut-être les ragots ont-ils commencé à ce moment-là ? Mais tu t'en fiches. Le Très Haut s'est abaissé vers toi et toi tu te lèves et tu te dresses droitement, grandie du dedans et tu pars, tu cours, non pour vérifier qu'Élisabeth est bien enceinte, mais parce que si l'ange t'a parlé d'elle, c'est qu'il faut y aller. Tu sais, intuitivement, que Dieu ne parle pas seulement par l'intermédiaire des anges, mais plus sûrement encore dans les rencontres. Alors tu prends la route, tu montes vers le haut pays, en Judée. Luc ne nous dit rien de ce voyage, pourtant ce sont plusieurs jours de marche. Pars-tu seule ? Veux-tu par ce voyage échapper aux commérages ? Qu'as-tu dit aux tiens ? Tu pars pour trois mois. Le temps d'apprendre d'Élisabeth ce que c'est que d'attendre un enfant.

Le protévangile de Jacques nous raconte même que tu aurais oublié que tu étais enceinte[1]. C'est le

1. « Marie, pleine de joie, s'en alla chez sa cousine Élisabeth et frappa à la porte. Élisabeth, ayant entendu, courut à la porte, lui ouvrit, la bénit et dit : "D'où me vient que la mère de mon Seigneur vienne chez moi ? Car voici que ce qui est en moi a tressailli et t'a bénie." Or, Marie avait

bouleversement d'Élisabeth qui te l'aurait rappelé. N'est-ce pas une bien jolie manière de décrire la douceur de l'action de Dieu en toi, Marie ? L'ange se serait fait si délicat qu'il t'aurait été possible d'avoir oublié sa venue et son action. J'aime cette manière de concevoir l'action de Dieu en nous, qui prend tellement nos plis qu'elle en devient presque invisible.

Je voudrais bien te parler encore, mais mes yeux se ferment. Je te confie la nuit de ceux qui ne peuvent pas, ou ne doivent pas dormir, et la nuit de cette femme, partie accoucher dans la solitude. Prends soin d'elle, et de ce petit qui va voir le jour dans la nuit…

---

oublié les mystères dont avait parlé l'ange Gabriel », *Protévangile de Jacques*, 12, 2 p. 93.

Le 21 décembre.

Chère Marie,

Je reprends ma lettre là où je me suis arrêtée hier car j'avais trop sommeil. Les trois mois que tu passes chez Élisabeth ne tombent pas du ciel. C'est toi qui me l'apprends en feuillant le Livre. Ils évoquent une autre scène, racontée par le second livre de Samuel. À l'époque tu ne le sais pas, mais plus tard tu comprendras qu'en allant chez ta cousine, tu inscrivais tes pas dans les sillons de l'Écriture, et reproduisais comme à ton insu le chemin de l'arche de l'alliance que David avait emmenée chez son cousin pendant trois mois. En remontant ainsi le temps, je devine ta présence qui tourne avec moi les pages du livre.

David est un jeune roi, il revient vainqueur d'un combat contre les Philistins. Dans l'euphorie de la victoire, il entreprend de faire monter à Jérusalem l'arche de l'alliance, qui contient le coffre qui abrite le Décalogue. Ouzza et Ahyo, les fils d'Abinadab chez qui l'arche demeurait, conduisent le chariot. Et voilà qu'un événement va contrarier le projet de David. Ahyo marche devant l'arche. David et tous les siens dansent devant le Seigneur au son de la musique. Or, « comme on arrivait à l'aire de Nakone, Ouzza étend la main vers l'arche de Dieu, et la retient [litt. "la saisit"] car les bœufs la faisaient verser. Alors la colère du Seigneur s'enflamme contre Ouzza ; Dieu le frappe sur place pour ce comportement. Ouzza mourut là, près de l'arche de Dieu » (2 Samuel 6, 6-7). L'ambiance se rafraîchit brutalement.

Que s'est-il passé ? Sous prétexte de bien faire parce qu'elle risque de tomber, Ouzza « met la main » sur l'arche de l'alliance. C'est un verbe utilisé pour signifier qu'un ennemi saisit sa victime pour la tuer. C'est sans doute ce qui déclenche la colère de Dieu. David a immédiatement compris la gravité de ce qui s'est passé. Il n'est pas possible de mettre la main sur la parole de Dieu. Il n'est pas possible de porter atteinte au temple de Dieu, fut-il fait de peaux comme l'arche d'alliance. Il n'est pas possible de mettre la main sur la parole de Dieu, de s'en servir comme d'un ustensile.

David a peur. Peut-être autant de la sainteté de l'arche que de lui-même et de son insouciance. Il prend alors une décision pour ne pas risquer la désinvolture : se séparer de l'arche d'alliance. Mettre de la distance entre elle et lui, afin de se garder de la tentation à laquelle a succombé Ouzza. Il renonce à transférer l'arche chez lui et la conduit chez son cousin, Obed-Edom, chez qui elle passera trois mois. Comme toi, Marie, qui passes trois mois chez ta cousine, à l'écart, pour te préparer à donner le jour au Fils de Dieu.

La décision du roi est une bénédiction pour son cousin et sans doute pour lui-même. Au bout de trois mois, David est prêt et peut retourner chercher l'arche pour la conduire chez lui, à Jérusalem. Le texte ne dit pas ce qui s'est passé en David, sinon qu'il offre un sacrifice avant de danser devant l'arche, manière de célébrer le don que Dieu fait de sa présence par un autre don pris sur ses propres biens. Cet écart installé dans sa vie lui permettra de ne jamais cesser de s'adresser à son Dieu, et de revenir à lui aux pires heures de sa vie. Cette fois, David est vraiment roi : avec joie et simplicité, il danse au milieu de son peuple, le bénit et le nourrit. Seule Mikal, son épouse amère, ne comprendra rien à sa joie, et jalousera les servantes aux côtés de qui il danse et chante. Elle n'a pas compris que David est devenu libre, qu'il ne convoite personne et que c'est l'écart et la distance qu'il a instauré un temps avec l'arche de l'alliance qui a fondé sa liberté. Le chemin de David et de l'arche d'alliance passe par cet écart, dans lequel il apprend à ne pas mettre la main sur la Parole de Dieu.

Peut-être Marie, que Gabriel choisit de te faire faire un détour, qui passe par la maison de ta cousine qui a besoin de toi. Peut-être que le chemin le plus direct vers Dieu passe par tous ces détours que nous ne comprenons pas toujours. Or, justement, que se passe-t-il dans le sein d'Élisabeth quand tu entres dans sa maison ? À quelle heure arrives-tu ? Est-ce le matin ou le soir ? Zacharie n'est pas là. On a le sentiment que le décor s'efface et qu'il ne reste que vous deux, et ces deux hôtes qui habitent chacun de vos ventres. L'enfant qu'Élisabeth porte se met à danser devant toi, comme autrefois David devant l'arche d'alliance. Et toi ? Que perçois-tu dans ton sein ? Comment entends-tu les mots de ta cousine ? Avec quelles entrailles les reçois-tu ? Ce qui se passe est inouï : Marie, tu es devenue l'arche d'alliance, rien de moins ! Peut-être faut-il se long séjour de trois mois à l'écart pour que tu entendes à nouveaux frais les mots de l'ange, relayés cette fois par ta cousine ? Peut-être nous faut-il écouter ce que nous disent les autres pour y entendre, comme en dessous, les mots d'un Autre pour nous ? Mais ce n'est pas tout ! Par toi, nous pouvons croire que toutes et tous sommes appelés à devenir aussi arche d'alliance, et à porter mystérieusement, chacun à notre façon, le Christ au monde. Cela se fait bien sûr, autrement que toi, mais tu nous souffles à l'oreille que l'intériorité de chacun peut se creuser, et accueillir la parole du Père, afin qu'elle s'incarne dans chacune de nos existences. Porter le Christ, devenir « christophore », c'est une autre manière de devenir celle ou celui que l'on est vraiment, tu ne crois pas ?

En relisant le chant d'Élisabeth repris dans la prière la plus populaire, après le Notre Père, le « Je vous salue Marie », je me rends compte que ta cousine nous a donnés, par ses mots, la grâce de te recevoir comme celle qui vient nous visiter. Je comprends mieux du coup, combien d'hommes et de femmes semblent avoir plus de facilité à te parler à toi qu'à parler à ton Dieu. C'est que tu es l'une de nous, Marie, indéfectiblement. L'une de nous qui s'approche. En visitant ta vieille cousine, c'est chacun de nous que tu visites. « Comment m'est-il donné que vienne à moi la mère de mon Seigneur ? » Mystérieuse complicité qui traverse le temps, grâce à la Bible, et permet que nous nous sentions proche de cette vieille femme qui attend un enfant qui danse, et comme elle émerveillés de ta visite. Ta présence à mes côtés, dans ce courrier nocturne, est une forme de visitation.

En ces jours-là, Marie partit et se rendit en hâte vers la région montagneuse, dans une ville de Juda. Elle entra chez Zacharie et salua Élisabeth. Et il advint, dès qu'Élisabeth eut entendu la salutation de Marie, que l'enfant tressaillit dans son sein et Élisabeth fut remplie d'Esprit Saint.

Alors elle poussa un grand cri et dit : « Bénie es-tu entre les femmes, et béni le fruit de ton sein ! Et comment m'est-il donné que vienne à moi la mère de mon Seigneur ? Car, vois-tu, dès l'instant où ta salutation a frappé mes oreilles, l'enfant a tressailli d'allégresse en mon sein. Oui, bienheureuse celle qui a cru en l'accomplissement de ce qui lui a été dit de la part du Seigneur ! » [Luc 1, 39-45].

Mais le plus bouleversant est peut-être ta réponse. L'évangéliste met sur tes lèvres des mots qui ont été prononcés par des femmes stériles qui ont eu la joie de porter des enfants, des femmes esclaves devenues libres, des femmes dont tu te fais le porte-voix, à tel point qu'à notre tour, nous pouvons prononcer ton chant à partir de toute l'épaisseur de nos existences.

Tu sais, j'ai pris un beau stylo, un cahier neuf, et j'ai recopié ces textes de l'enfance et le *Magnificat*, ce chant transmis d'âge en âge à toutes les générations qui t'ont dit bienheureuse. Je l'ai écrit dans plusieurs traductions afin de l'*entendre* à neuf, et d'approcher un peu ce que tu nous as laissé dans ta prière de louange et désormais la nôtre, à tous et à chacun. Cela me rappelle une belle rencontre, il y a quelques années, un moine à qui je venais de me confesser m'avait donné comme pénitence de réciter le *Magnificat* comme si c'était moi qui le prononçais. Magnifique façon d'entrer dans l'expérience que tu nous laisses, Marie, et qui est ouverte pour ceux qui veulent la partager.

> Mon âme magnifie le Seigneur
> Et mon esprit *exulte en Dieu mon Sauveur,*
> Parce qu'il *a jeté les yeux sur la bassesse* [litt : l'humiliation] *de son esclave.*
> Car voilà que désormais toutes les générations me proclameront heureuse ;
> Parce que le Puissant a fait pour moi de grandes choses ; *et Saint est son nom,*
> *Et sa miséricorde va de générations en générations à ceux qui le craignent.*
> Il a déployé la force de son bras,
> Il a dispersé les hommes au cœur orgueilleux
> *Il a renversé les souverains de leurs trônes et élevé les humbles*
> *Il a comblé de biens les affamés* et renvoyé les riches les mains vides.
> Il a secouru Israël, son serviteur, *se souvenant de sa miséricorde,* – selon qu'il l'avait annoncé à nos pères – en faveur d'Abraham et de sa descendance à jamais [Luc 1, 46-55].

En lisant ce chant, celles et ceux qui voudraient faire de toi une humble jeune fille vêtue de blanc et de bleu, cantonnée aux tâches domestiques et vouée à passer la vie éternelle dans des reproductions de grotte de Lourdes peuvent aller se rhabiller. C'est un cri de révolutionnaire, Marie, que tu nous laisses là !

Rien que le premier mot, « magnifier », nous permet d'entendre « Magnificat ». C'est d'ailleurs un terme utilisé par Paul dans l'épître aux Philippiens. L'apôtre explique que certains annoncent Jésus-Christ par amour et d'autres par intérêt : « Mais quoi ! Il reste que de toute manière, prétexte ou vérité, Christ est annoncé ; et de cela je me réjouis et me réjouirai encore ? Car je sais que cela aboutira pour moi au salut, par votre prière et le secours de l'esprit de Jésus-Christ selon ma vive attente et mon espoir que je n'éprouverai aucune honte, mais qu'en toute assurance, maintenant comme toujours, *Christ sera magnifié dans mon corps*, soit par ma vie, soit par ma mort » (Philippiens 1, 20). Voilà ce que toi tu annonces, Marie, car tu l'as intuitivement compris : Christ magnifié dans ton corps ! Et en réponse, tu magnifies ton Dieu ! Comme c'est beau, Marie ! C'est cela qu'il faudrait prêcher, tu ne crois pas ? « Christ magnifié dans mon corps », y compris dans mon corps ordinaire et vieillissant, un corps rendu beau, illuminé par le Christ.

Ton esprit exulte, tu jubiles. Tu reprends le cantique d'Anne, mon homonyme, bouleversée de joie envers son Dieu quand elle découvre qu'elle porte enfin un petit, Samuel, grand prophète et faiseur de Messies, puisque c'est lui qui donnera l'onction à Saül puis à David.

> Mon cœur exulte dans le Seigneur, mon front se relève en mon Dieu. Ma bouche s'élargit contre mes ennemis, car ton salut me met en joie. Point de saint comme le Seigneur car il n'est rien sauf toi ; point de Rocher comme

notre Dieu. Ne multipliez pas les paroles hautaines, que l'insolence ne sorte pas de votre bouche. Car le Seigneur est un Dieu plein de savoir, et par lui les actions sont pesées. L'arc des puissants est brisé, mais les défaillants se ceignent de force. Les rassasiés s'embauchent pour du pain, mais les affamés cessent de travailler. La femme stérile enfante sept fois, mais la femme aux nombreux fils de nombreux enfants dépérit. Le Seigneur fait mourir et fait vivre, fait descendre au shéol et en fait remonter.

Le Seigneur appauvrit et enrichit, il abaisse et aussi il élève. Il retire le faible de la poussière, du fumier il fait relève le pauvre pour les faire asseoir avec les princes et les faire hériter d'un trône de gloire ; car au Seigneur sont les piliers de la terre, sur eux il a posé le monde. Il garde les pas de ses fidèles, mais les méchants disparaissent dans les ténèbres car ce n'est pas par la force que l'homme triomphe. Le Seigneur, ses ennemis sont brisés, contre eux il tonne dans les cieux. Le Seigneur juge les confins de la terre, il donne la force à son roi, il relève le front de son Oint [1 Samuel 2, 1-10].

Tu reprends le chant de jubilation de Jérusalem, délivrée de l'oppresseur : « Je suis transporté d'allégresse dans le Seigneur, mon âme jubile en mon Dieu ; car il m'a revêtu des habits du salut, du manteau de la victoire il m'a enveloppé, comme le jeune époux ajuste le turban et comme l'épousée se pare de ses bijoux » (Isaïe 61, 10). Par ton chant, Marie, tu t'identifies à tous ceux qui ont attendu le salut de Dieu, tous les descendants d'Abraham, ceux d'Ismaël comme ceux d'Isaac, les fils d'Agar, ta sœur de sang, comme les fils de Sara. Tu reprends aussi les mots du psalmiste persécuté, qui se réfugie en Dieu : « Pour moi, le Seigneur sera ma joie et son salut mon allégresse ! De tout mon être je dirai : “Qui est comme toi, Seigneur, pour arracher un pauvre à plus fort que lui, un pauvre, un malheureux, à qui le dépouille ?” » (Ps 34, 9-10).

Le verset suivant du *Magnificat* est plus surprenant. Tu remercies ton Dieu d'avoir « jeté les yeux sur l'humiliation de son esclave ». C'est un peu plus violent que « sur son humble servante », mais il n'y a pas de doute, c'est bien « humiliation » le mot que tu prononces[1]. De quelle humiliation as-tu souffert, Marie ? Sans doute reprends-tu encore les mots d'Anne, lorsqu'elle suppliait son Dieu de lui donner un fils : « Si tu voulais considérer la misère de ta servante, te souvenir de moi, ne pas oublier ta servante et lui donner un petit d'homme, alors je le donnerai au Seigneur pour toute sa vie » (1 Samuel 1, 11).

Esclave, c'est le statut d'Agar, la servante égyptienne de Sara. Humiliée, car jetée dehors avec son fils, par sa maîtresse jalouse. Or, la première fois qu'un ange parle à quelqu'un dans la Genèse, la première annonciation, ce n'est pas à Abraham, mais à Agar, la servante étrangère, qu'elle est faite. Agar est définitivement associée à la descendance d'Abraham, par les mots mêmes de Dieu qui lui parle comme à Abraham. Tu reprends les mots d'Agar et avec elle, tu te ranges du côté des esclaves pour annoncer que désormais ce sont tous les fils et les filles des hommes qui bénéficient du salut qui advient par l'enfant que tu portes. Tu as découvert que le Seigneur s'abaisse lorsqu'il est venu par son ange te

1. P. LEFEBVRE, *La Vierge au Livre, Marie et l'Ancien Testament*, Paris, Éd. du Cerf, 2004, p. 136.

parler. Tu as compris alors mystérieusement que tout le long chemin de Dieu avec son peuple n'était pas sans lien avec la parole que tu avais reçue. Cet abaissement est sans condescendance aucune. Tu as découvert que ton Dieu aime la compagnie des hommes. Il aime à parler avec un prêtre ordinaire un jour où il fait brûler de l'encens dans le temple ; il aime discrètement se mêler aux rêves d'un homme inquiet qui a vu sa promise s'arrondir sans lui ; et sa plus grande joie est de venir s'attabler dans la maison d'une jeune femme pour lui annoncer que sa vie de jeune fille est suffisamment ample pour que Dieu y habite. Tu reprends à ton compte les mots des Psaumes et d'Anne, ceux de David et de toutes celles et ceux qui après lui les ont chantés pour chanter à ton tour. Ce faisant, tu te réjouis avec ta cousine du fruit de son ventre qui a dansé quand tu es entrée : « Qui est comme le Seigneur notre Dieu, lui qui s'élève pour siéger et s'abaisse pour voir cieux et terre ? De la poussière il relève le faible, du fumier il retire le pauvre, pour l'asseoir au rang des princes, au rang des princes de son peuple. Il assied la stérile en sa maison, mère en ses fils heureuse » (Ps 112, 5-9).

Il a déployé la force de son bras,
Il a dispersé les hommes au cœur orgueilleux
Il a renversé les souverains de leurs trônes et élevé les humbles
Il a comblé de biens les affamés et renvoyé les riches les mains vides.

L'humiliation dont le Seigneur te relève est celle de ton peuple, ce petit peuple contraint au long exil si loin de la terre que Dieu lui avait offerte. Peut-être l'ignores-tu à ce moment-là, mais ce peuple ne cessera d'être humilié, déplacé, torturé, persécuté, anéanti tout au long des âges. Il reste pour nous le frère aîné, celui qui le premier a reçu la promesse de Dieu ; il reste celui qui fermera la porte du ciel quand tout le monde sera rentré à la maison, près du Seigneur, comme il nous l'a promis. Car les promesses de Dieu sont sans repentance. Ton humiliation est aussi celle des femmes qui ont subi plus que les hommes le déshonneur. Tu portes haut leur voix, et ton chant de victoire n'est pas un chant guerrier qui viendrait sceller la défaite des hommes, mais un chant de paix qui célèbre la fin de la rivalité. Nul n'est supérieur à autrui quand Dieu lui-même s'abaisse. Ton humiliation est celle de l'humanité qui n'arrive pas à comprendre pourquoi sa finitude est mâtinée de méchanceté, de jalousie, alors qu'elle n'aspire qu'à la bonté. Pourquoi dit-elle plus souvent qu'à son tour, comme Babylone la fière « Moi, rien que moi », se contraignant ainsi à une vie étriquée, au lieu de la largesse qui consiste à vivre avec et pour les autres une vie dense que toi, Marie, a choisi de vivre ? La fin de ton humiliation vient peut-être de ce moment où tu acceptes de ne jamais te tenir dans ce « moi, rien que moi », mais de vivre « selon la Parole » d'un Autre, qui désinstalle les installés et nourris les affamés. Alors, ta victoire est la nôtre. Et nous ne savons pas encore combien elle est grande et à portée de main.

Ton humiliation est peut-être aussi ton secret. Nul ne connaît ta vie, ni les regards de biais portés sur toi quand on s'est demandé d'où venait cet enfant. Nul ne sait ce que Joseph et toi avez souffert de calomnies et de médisances. Seul, celui ou celle qui a un jour dans sa vie tutoyé un ange peut connaître le goût du calme qui advient quand les voix méchantes se sont tues. Les pires sont les voix intérieures qui murmurent à l'oreille des pauvres que nous sommes tous un jour ou l'autre : « tu n'es pas à la hauteur », « tu n'es pas capable de faire cela », « tu n'es pas aimé, car tu n'es pas aimable », « il aurait mieux valu pour toi ne pas être ». Ces voix, elles se sont tues, Marie, quand l'ange t'a parlé. Peut-être même t'a-t-il choisie car tu savais leur résister ? Peut-être, en vieillissant, les as-tu entendues de nouveau, après la mort de Joseph – dont on ignore tout – certains crépuscules d'hiver quand les oiseaux sont partis chanter sur d'autres rives et que la pluie du soir mouille le linge qui ne sèche pas. Peut-être te disais-tu alors, « Tu as rêvé, Marie. » Pourtant, l'empreinte du ton de la voix de l'ange sera toujours assez puissante pour ne pas donner prise aux voix méchantes qui avaient en leur temps retourné Ève comme un gant. C'est peut-être cela, être « l'immaculée », avoir la force en soi de ne pas redouter les voix qui voudraient recouvrir le murmure du chant de Dieu.

Tu as compris Marie, que la miséricorde de ton Dieu signifiait la fin de la honte et de l'humiliation pour tous et pour chacun. Car si Dieu s'abaisse à hauteur d'être humain et, plus encore, au rang des esclaves et des servantes étrangères, qui peut craindre quoi que ce soit de Lui ? Il nous reste à apprendre près de toi, comment dans nos vies ordinaires, cela devient vrai.

Le 21 décembre

Voilà, j'arrête cette trop longue lettre pour ce soir. Du tricot m'attend. Je sais, c'est dérisoire, mais cette année, je tricote des fleurs pour les sœurs de ma communauté. Et entre t'écrire et tricoter, les nuits risquent d'être un peu courtes. Bonne nuit, chère Marie.

Le 22 décembre.

Bonsoir Marie,

Il pleut sur nos maisons. J'aime ce temps froid et gris d'hiver qui nous fait rester à l'intérieur. C'est un temps propice aux visitations des messagers du ciel qui savent pouvoir nous trouver chez nous.

Il me semble que c'est pendant ce séjour auprès d'Élisabeth que Joseph à son tour reçoit la visite d'un ange. Tu me pardonneras de refaire la chronologie à ma façon. Cela n'a d'ailleurs que peu d'importance. Ce qui compte, pour l'heure c'est lui, cet homme qui deviendra ton époux. Savais-tu qu'il tutoyait les anges lui aussi ? Quatre fois, il sera visité. Avec Joseph, cela se passe toujours de nuit, car l'ange est délicat. Il prend des précautions et ne vient le rencontrer qu'en songe, comme autrefois Dieu le faisait pour le vieux Joseph de la Genèse. C'était d'ailleurs devenu une manie qui irritait ses frères : « Tiens voilà l'homme aux songes qui arrive. » Ton Joseph de mari ne se vante pas de ses songes, et moins encore de celui-là qui va bouleverser sa vie. Je ne sais pas comment il a su que tu étais enceinte, Marie. J'aime à croire que tu le lui as dit avant de partir visiter ta cousine. À moins que ce ne soit à ton retour qu'il remarqua sans rien dire ton ventre arrondi. Je ne sais pas non plus s'il t'a parlé de ce rêve et de sa décision initiale de te renvoyer en secret pour t'épargner la honte, ni s'il t'a raconté la visite de l'ange qui l'a conduit à assumer ta grossesse, quitte à porter avec toi l'humiliation en silence. Lui aussi a compris que les réprouvés auraient désormais une place aux côtés des princes, et que la fin de la honte était arrivée non seulement pour lui-même mais pour son peuple et bien au-delà de lui.

Matthieu l'évangéliste donne place à Joseph, sans lui donner sa voix. Car jamais Joseph ne parle, ni dans l'évangile de Matthieu, ni dans celui de Luc. C'est un taiseux, sans doute. Mais il écoute la voix de l'ange nocturne, et promptement sait agir en conséquence des paroles qu'il a mystérieusement reçues. À mes yeux, Joseph assume la place de ceux qui n'ont pas la parole et préfèrent le silence au bavardage. C'est par ses mains qu'il prêche. Ses mains construisent des toits et des maisons pour abriter la vie des hommes, à laquelle Dieu a choisi de prendre part. Charpentier, il façonne l'ombre qui permet le repos des épuisés, cette même ombre à l'abri de laquelle ton Dieu t'a blottie, Marie. Joseph participe à l'œuvre de l'Esprit qui t'a obombrée. Il devient ton pourvoyeur d'ombre. Frère de tous les pères adoptifs, il espère simplement que l'enfant qui s'annonce l'acceptera un peu lui aussi comme son père. En attendant, il lui prépare une maison, et se promet de lui apprendre son métier, quand viendra l'heure favorable, afin qu'à son tour il puisse faire des maisons et des toits et des abris pour les hommes et les femmes de son temps.

La première révélation angélique que Joseph pâtit est un long monologue. L'ange appelle Joseph par son nom, le situe dans la lignée de David, et précise le nom de Jésus. Révélation complète, factuelle, claire, qui s'impose à Joseph. Je suis marquée, en relisant Matthieu, par la précision et la concision des paroles de l'ange :

> Marie était promise à Joseph.
>
> Avant qu'ils viennent ensemble, il se trouve qu'elle a dans ses entrailles d'Esprit saint.
>
> Joseph, son mari, est un homme juste. Il ne veut pas la faire montrer du doigt : il décide de la renvoyer à la dérobée.
>
> Comme il est dans ce propos, voici : un ange du Seigneur, en rêve, paraît et lui dit :
>
> « *Joseph, fils de David, ne crains pas de prendre avec toi Marie, ta femme, car ce qui en elle est engendré est d'Esprit saint.*
>
> *Elle enfantera un fils.*
>
> *Tu l'appelleras de son nom : Jésus, car il sauvera son peuple de leurs péchés.* »
>
> Tout cela est arrivé pour que soit accompli le mot dit de la part du Seigneur par le prophète : « Voici, la vierge aura dans ses entrailles et enfantera un fils. Ils l'appelleront de son nom : Emmanuel, qui se traduit "Avec nous Dieu". »
>
> Joseph se réveille du sommeil. Il fait comme lui a imposé *[prostassô]* l'ange du Seigneur : il prend avec lui sa femme. Et il ne la connaît pas jusqu'à ce qu'elle enfante un fils. Il l'appelle de son nom : Jésus [Matthieu 1, 18-25].

Joseph a-t-il eu le choix ? La question s'est posée pour toi, Marie. L'ange venu te visiter ne t'a pas adressé de question ouverte, mais une annonce. Et toi, tu as pourtant formulé une réponse. Oui, je crois que véritablement tu as acquiescé à l'incompréhensible, à l'inattendu. Tu as dit « oui » à sa présence. Pour Joseph, le texte est plus rude. Le verbe *prostassô* signifie bien « imposer », « ordonner », « prescrire ». Peu de place au consentement dans cet ordre de l'ange. Ce silence est pesant, et l'on peine pour Joseph. Comment peut-il comprendre ce qui se passe en toi ? Combien faut-il de foi pour porter cette décision et ses conséquences ? Le village n'est sans doute pas dupe, et l'on doit bien murmurer dans son dos des choses au sujet de ce couple qui subitement emménage ensemble alors que toi, Marie tu t'arrondis. Il y a quelque chose d'éprouvant dans ce qui arrive à Joseph, comme un contrepoint à la légèreté de ton chant. Joseph, sans doute plus âgé que toi, vient nous dire à la suite des prophètes que la révélation divine est à la fois un soulèvement, une libération, et un fardeau. Car nous aimons nos esclavages… et choisir de vivre libre, de cette liberté chère aux fils de Dieu, comme Joseph le décide, ne va pas sans combat, contre soi-même, contre ses proches et l'air du temps. L'amour qu'il te porte doit l'aider sans doute. Alors, avec toi, il s'enfonce dans ce mystère, confiant en la présence fidèle et mystérieuse du Dieu qui lui parle la nuit.

Autant dans la révélation qui t'avait été faite que dans celle de Joseph, le nom de Jésus est précisé. La formule est étrange et répétée, chez Matthieu et chez Luc : « Tu l'appelleras de son nom : Jésus » ; Jésus, « le Seigneur sauve », ce nom qui ressemble au nom même de Dieu révélé dans la première alliance. Il y a dans le nom de Jésus le nom de Dieu lui-même. Ce nom est indissociable de la vie de Jésus, il existe au moment même où Jésus grandit en toi, il préexiste à sa naissance. C'est le nom secret de cet être qui vous est révélé à Joseph et toi en même temps que sa vie vous est annoncée. C'est aussi le nom de Josué, qui le premier est entré en terre promise. Tout cela, toi Marie et ton fiancé Joseph l'entendez chacun de votre côté, ainsi que la prophétie d'Isaïe, citée par l'ange à l'un et l'autre : « Voici, la jeune fille est enceinte, elle va enfanter un fils et elle lui donnera le nom d'Emmanuel » (Isaïe 7, 14).

À ce sujet, d'ailleurs, je n'ai pas envie de me battre avec ceux qui sont passionnés d'anatomie et qui veulent en savoir plus sur ta virginité. Cela me semble simplement indécent. Ce que je sais de toi, et que la grande tradition catholique m'a appris, c'est que tu es immaculée. Car l'Esprit de Dieu t'a visitée dans le lieu même de ton innocence, et il t'a conféré de façon toute singulière une innocence éternelle en signe de celle qui nous est promise à chacun. Cela, l'Écriture n'a cessé de l'écrire et de le dire, comme l'épître aux Éphésiens, que je chante avec mes sœurs, chaque lundi aux vêpres en pensant à toi.

> Béni soit le Dieu et Père de notre Seigneur Jésus Christ, qui nous a bénis par toutes sortes de bénédictions spirituelles, aux cieux, dans le Christ. C'est ainsi qu'Il nous a élus en lui, dès avant la fondation du monde, pour être saints et immaculés en sa présence, dans l'amour, déterminant d'avance que nous serions pour Lui des fils adoptifs par Jésus Christ. Tel fut le bon plaisir de sa volonté, à la louange de gloire de sa grâce, dont Il nous a gratifiés dans le Bien-Aimé [Éphésiens 1, 3-6].

Oui Marie, c'est avec toi que j'ai enfin lu pour de vrai ces phrases chantées si souvent sans y prendre garde : être immaculé est notre vocation à chacun. Que veut dire être immaculé ? Il me semble que c'est retrouver en nous la trace de notre ressemblance à Dieu. Être séparé de tout ce qui tue. Vivre de plain-pied dans la vie reçue de Dieu. C'est devant nous, comme notre avenir. Simplement tu nous précèdes sur cette voie en l'ouvrant la première. Je pense aussi à ces pages de la première épître de Jean, qui ne parlent pas explicitement de toi, mais dans lesquelles nous pouvons à chaque ligne, reconnaître ta silhouette et découvrir ton visage.

> Mais en celui qui garde sa parole, l'amour de Dieu atteint vraiment la perfection : voilà comment nous savons que nous sommes en lui [1 Jean 2, 5].

Qui d'autre, plus que toi, a gardé sa parole ?

> Bien-aimés, dès maintenant, nous sommes enfants de Dieu, mais ce que nous serons n'a pas encore été manifesté. Nous le savons : quand cela sera manifesté, nous lui serons semblables car nous le verrons tel qu'il est. Et quiconque met en lui une telle espérance se rend pur comme lui-même est pur [1 Jean 3, 2-3].

Qu'est-ce que la pureté, sinon ressembler à notre ressemblance intérieure, celle qui porte la trace de Dieu ? Être « semblable » à Dieu, n'est-ce pas l'histoire de ta vie ?

> Or, vous savez que lui, Jésus, s'est manifesté pour enlever les péchés, et qu'il n'y a pas de péché en lui. Quiconque demeure en lui ne pèche pas [1 Jean 3, 5-6].

Quiconque est né de Dieu ne commet pas de péché, car ce qui a été semé par Dieu demeure en lui : il ne peut donc pas pécher, puisqu'il est né de Dieu [1 Jean 3, 9].

« Être née de Dieu », voilà la description parfaite, Marie, de ta vie, et l'horizon de la nôtre.

Bien-aimés, si notre cœur ne nous accuse pas, nous avons de l'assurance devant Dieu. Quoi que nous demandions à Dieu, nous le recevons de lui, parce que nous gardons ses commandements, et que nous faisons ce qui est agréable à ses yeux. Or, voici son commandement : mettre notre foi dans le nom de son Fils Jésus Christ, et nous aimer les uns les autres comme il nous l'a commandé. Celui qui garde ses commandements demeure en Dieu, et Dieu en lui ; et voilà comment nous reconnaissons qu'il demeure en nous, puisqu'il nous a donné part à son Esprit [1 Jean 3, 21-24].

L'Écriture est un trésor quand on la lit en ta compagnie. La liturgie de ces derniers jours, depuis que je t'écris, nous offre chaque soir une grande antienne en « ô » que l'on appelle « les grandes Ô ». Il y a du ruissellement dans l'air, la vie qui tout à coup va jaillir comme d'une source. Depuis le 17 décembre, chaque jour nous avons entendu une de ces antiennes.

Ô Sagesse, de la bouche du Très-Haut, toi qui régis l'univers avec force et douceur, enseigne-nous le chemin de vérité : Viens, Seigneur, viens nous sauver !

Ô Chef de ton peuple Israël, tu te révèles à Moïse dans le buisson ardent et tu lui donnes la Loi sur la montagne :

Délivre-nous par la vigueur de ton bras. Viens, Seigneur, viens nous sauver !

Ô Rameau de Jessé, étendard dressé à la face des nations, les rois sont muets devant toi tandis que les peuples t'appellent : Délivre-nous, ne tarde plus. Viens, Seigneur, viens nous sauver !

Ô Clé de David, ô Sceptre d'Israël, tu ouvres et nul ne fermera, tu fermes et nul n'ouvrira : arrache les captifs aux ténèbres. Viens, Seigneur, viens nous sauver !

Ô Soleil levant, splendeur de justice et la lumière éternelle, illumine ceux qui habitent les ténèbres et l'ombre de la mort. Viens, Seigneur, viens nous sauver !

Quelque chose de très ancestral, d'archaïque et de profond se cache dans ces mots. L'écoulement des eaux annonce l'imminence de la naissance chez les parturientes. Il n'est plus temps de différer quoi que ce soit à ce moment-là. Il me semble que la liturgie nous installe dans cette ardente patience : l'urgence, c'est que le Seigneur vient. Et la patience, c'est que l'on ne sait jamais le moment de cette imminence. Tu nous enseignes que c'est maintenant, et comme l'écrivait Walter Benjamin, « chaque seconde est la porte étroite par laquelle le Messie peut entrer » dans l'histoire[1].

Ce soir, l'antienne qui nous est offerte c'est : « Ô roi de l'univers, ô désiré des nations, pierre angulaire qui joint l'un et l'autre mur, force de l'homme pétri de limon, viens Seigneur, viens nous sauver. » Et demain, nous entendrons la dernière grande antienne : « Ô

1. W. BENJAMIN, *Sur le concept d'histoire* IX, 1940, Paris, Gallimard, 2000, p. 443.

Emmanuel, notre Législateur et notre Roi, espérance et salut des nations. Viens Seigneur, viens nous sauver. »

Marie, peux-tu joindre ta voix à la nôtre pour supplier le Père qu'advienne enfin la royauté du prince de la paix que tu portes ? Peux-tu prier avec nous et pour nous afin que le salut annoncé advienne ?

S'il te plaît.

Le 23 décembre.

Chère Marie,

Après ta visite à Élisabeth, après l'annonce de l'ange à Joseph, il reste ce long temps, six mois, où tu apprends avec ton époux à attendre celui qui va venir. Avec toi, nous attendons aussi. Nous attendons chaque année sa venue dans la crèche, à Noël, et les yeux des enfants se remplissent de lumière. Mais plus profondément, nous attendons vraiment que le ciel s'ouvre, et que la paix jamais définitive en ces temps, règne à jamais entre les peuples, entre les hommes et en nous-mêmes. Ce long temps de l'attente, tu nous ouvres ta maison et ton silence pour l'apprivoiser avec toi. C'est le temps du mûrissement du fruit, le temps qu'il faut à un homme pour advenir à ce qu'il est. Le long temps de la convalescence et de la guérison. Le temps du vieillissement, de la croissance, le temps de la vie que l'on ne peut ni allonger ni raccourcir, même en tirant dessus. Avec toi, ce n'est pas une attente indéfinie qui nous tient vigilants. Non, avec toi, nous attendons Quelqu'un. Attendre quelqu'un, c'est croire qu'il va venir, même si l'on ne sait pas trop quand. Lorsqu'il s'agit de l'attente d'un enfant, un terme est posé, qui permet de se tenir prêt. J'aimerais que tu m'apprennes à être prête comme tu le fus, y compris prête à affronter l'impossible, car il t'a fallu partir pour Bethléem au moment le moins opportun. Tu sais, je n'aime pas l'imprévu, et j'ai vraiment beaucoup à apprendre de toi car des situations inattendues, tu as dû en affronter un certain nombre.

Ce soir néanmoins, à l'approche de Noël, j'ai envie de garder un peu le silence et de regarder les crèches que nous avons mises ici et là dans la maison. Dans la salle à manger, une crèche burkinabé en bois d'ébène, très sobre et hiératique, attend l'enfant que tu portes. À la chapelle, une grande crèche est abritée par quelques bouquets. Le berceau est vide. Tout en courant pour les derniers préparatifs de la fête, au fond, nous attendons. Nos vies sont vides tant que ton fils n'est pas venu les habiter. Le monde entier attend, sans toujours savoir qui. Il faudrait que nous perdions la prétention de proposer notre manière de croire comme une réponse à cette attente. Peut-être y a-t-il plusieurs manières de recevoir ton fils ? Les contes de Noël racontés de multiples façons dans de multiples cultures ont su dire l'émergence de l'inouï. Le dépouillement de Noël que Joseph et toi avez vécu peut aussi nous apprendre d'autres formes de dépouillement à inventer. De quoi a besoin notre temps, notre culture, pour entendre le murmure presque imperceptible de la naissance de ton fils ? Comme une voix de fin silence. Comment nous aider mutuellement et aider notre génération à écouter cette voix ? Tu pourrais Marie, nous soutenir et nous éclairer ?

En attendant demain, je voudrais écouter le vent avec toi et le bruit de la pluie sur ma fenêtre. Derrière le bruit du monde, je voudrais écouter le silence sur lequel ce bruit s'appuie pour exister. Écouter l'attente du monde et laisser défiler les visages proches ou lointains que ma mémoire laisse passer devant mes yeux. Tu vois, je te les présente, un à un. Les petits et les grands de ma famille, les sœurs et frères de mon ordre, mes amis, les femmes de la prison, mes collègues et tant d'autres. Avec eux, et avec toi, je voudrais espérer que le Christ, à sa manière toujours singulière et unique, va trouver à naître dans chacune de nos vies. Écoute Marie, la pluie s'est tue. Le silence est profond. Derrière de gros nuages, la lune se laisse deviner. En attendant le jour, on dirait que même les étoiles respirent plus lentement et retiennent leur souffle. Elles se préparent pour accueillir le premier-né du monde.

Le 24 décembre.

Marie,

Nous sommes avec toi dans l'imminence de l'événement. Mais par le caprice d'un prince, alors même que ta grossesse touche à son terme, il vous faut prendre la route pour monter dans le haut pays, en Judée. Joseph doit aller à Bethléem, car c'est la ville de David et qu'il est de sa lignée, pour un recensement décidé dans un bureau de Rome par un homme puissant qui veut mesurer son pouvoir. Le gouverneur de Syrie, Quirinius, s'exécute pour son territoire. Et grâce à ces précisions de Luc, l'on sait plus précisément à quelle époque tu as accouché. Le recensement est une pratique abhorrée de la Bible. David, lorsqu'il avait voulu dans un excès de démesure compter son peuple l'avait payé très cher. En régime biblique, compter, c'est mettre la main sur ce que l'on compte. L'arraisonner. Compter, c'est un peu comme disséquer : on dissèque rarement les vivants, et si on le fait, c'est un acte de barbarie et une torture. Séparer le tout en parties, en atomes, c'est risquer de le dissoudre. Ainsi, l'homme biblique ne mesure jamais son semblable, si ce n'est à l'heure de sa mort, quand il s'agit de lui trouver un tombeau à sa taille. Ce recensement est pour toi une catastrophe car tu ignores dans quelles conditions tu pourras donner le jour à ton fils. À cette époque, la mortalité infantile est très élevée, et se retrouver ainsi sur les routes n'est pas pour te rassurer. L'hostilité du monde à la naissance du Christ est ainsi annoncée : alors même que l'empereur veut encadrer et contrôler son empire, la naissance de ton fils est l'annonce d'un irrémédiable paramètre incontrôlable : l'au-delà de l'homme, Dieu.

Toute la nativité tient en deux petits versets : « Or, comme ils sont là, les jours de son enfantement s'accomplissent et elle enfante son fils, le premier-né. Elle l'emmaillote et l'installe dans une mangeoire – car ce n'était pas une place pour eux dans la salle » (Luc 2, 6-7, trad. sœur Jeanne d'Arc). La salle dont il est question – *to kataluma* – nous la retrouverons plus tard, lors du dernier repas de Jésus. Il fera poser la question au propriétaire des lieux par ses disciples : « Le maître te fait dire : “Où est *la salle* où avec mes disciples, je mange la Pâque ?” » (Luc 22, 11). L'heure de la naissance n'est que le début de cette grande traversée qui conduit à l'heure de la passion. Je crois que sœur Jeanne d'Arc a raison de traduire « ce n'était pas une place pour eux dans la salle ». Il ne s'agit ni d'un hôtel, ni d'un Formule Un, où en cas d'urgence, on se tasse volontiers. Simplement, l'heure n'est pas encore venue, et la salle n'est pas encore un lieu propice. La « salle » est pour le dernier repas, et nous n'en sommes pas là. Le thème du repas affleure pourtant par tous les pores du texte : Jésus va naître à Bethléem, « maison du pain », dans une « mangeoire ».

Voilà, alors que le monde tourne sans lui, Jésus est né. Tu l'installes avec soin et le couvres de langes pour qu'il n'ait pas froid. De nombreux peintres ont peint ces langes en les faisant ressembler à un linceul, car finalement ce Fils qui naît, c'est celui qui mourra crucifié quelque trente-trois ans plus tard. La fête de Noël est tardive. Dans l'histoire de la liturgie, elle apparaît bien après la fête de Pâques, car le pivot de l'histoire du monde, c'est indissociablement la passion de Jésus, sa résurrection et son incarnation, qui signe le début de son abaissement, achevé en terre à l'heure de son ensevelissement. Dans la naissance de ton fils, Marie, tout est déjà dit de sa passion. Il est la nourriture des hommes (déposé dans cette mangeoire, dans la « maison du pain »), couché langé comme un cadavre dans beaucoup de représentations iconographiques, et pour autant le ciel s'incline devant lui. Cependant, pour l'heure, je voudrais rester avec toi dans la joie de cet enfant si petit dans tes bras.

S'il n'y a que deux versets pour raconter ton accouchement, pudeur oblige, il y en a treize consacrés à la joie des anges et des bergers, qui chantent ensemble : « Gloire à Dieu et paix aux hommes, ses bien-aimés. » Dieu est glorifié dans la paix des hommes, et les êtres humains sont dits « bien-aimés » par le chant des anges, qui se font l'écho du chant de Dieu. L'inouï, c'est que nous sommes bien-aimés de Dieu et qu'il nous le chante. Combien de temps, de siècles et de larmes nous faudra-t-il pour entendre cela, y croire et en vivre ? L'inouï, c'est aussi la possibilité de la paix, à laquelle il est si difficile de croire quand on est en plein conflit armé. Pourtant, c'est cela qu'annonce l'enfant que tu mets au monde. La possibilité de la fin de la haine. Cette promesse est comme un avant-goût de la résurrection. Nous n'y sommes pas, diront tous ceux qui regardent le journal du soir. Nous en sommes loin. Et pourtant, il y a en nous, en chacun de nous, la possibilité de vouloir la paix et de la construire avec d'autres, âprement, délibérément, patiemment.

Il y avait dans la même région des bergers qui vivaient aux champs et gardaient leurs troupeaux durant les veilles de la nuit. L'Ange du Seigneur se tint près d'eux et la gloire du Seigneur les enveloppa de sa clarté ; et ils furent saisis d'une grande crainte. Mais l'ange leur dit : « Soyez sans crainte, car voici que je vous annonce une grande joie, qui sera celle de tout le peuple : aujourd'hui vous est né un Sauveur, qui est le Christ Seigneur, dans la ville de David. Et ceci vous servira de signe : vous trouverez un nouveau-né enveloppé de langes et couché dans une crèche. »

Et soudain se joignit à l'ange une troupe nombreuse de l'armée céleste, qui louait Dieu, en disant : « Gloire à Dieu au plus haut des cieux et sur la terre paix aux hommes objets de sa complaisance ! » Et il advint, quand les anges les eurent quittés pour le ciel, que les bergers se dirent entre eux : « Allons jusqu'à Bethléem et voyons ce qui est arrivé et que le Seigneur nous a fait connaître. » Ils vinrent donc en hâte et trouvèrent Marie, Joseph et le nouveau-né couché dans la crèche. Ayant vu, ils firent connaître ce qui leur avait été dit de cet enfant ; et tous ceux qui les entendirent furent étonnés de ce que leur disaient les bergers.

Quant à Marie, elle conservait avec soin toutes ces choses, les méditant en son cœur.

Puis les bergers s'en retournèrent, glorifiant et louant Dieu pour tout ce qu'ils avaient entendu et vu, suivant ce qui leur avait été annoncé [Luc 2, 8-20].

L'inouï commence avec l'annonce aux bergers. À ton époque, les bergers n'étaient pas vraiment des gens recommandables. Ce sont le plus souvent des nomades, parfois plus ou moins brigands. Ils vivent dans les champs, nous dit Luc. Pauvres, souvent. La région de Bethléem, accidentée, est austère. Il fait froid la nuit dans les montagnes des monts de Judée.

À ceux-là, les anges du ciel ne demanderont pas d'entreprendre un long voyage, ils ne devront pas marcher des nuits et des nuits, guidés par une étoile. C'est pour eux d'abord que le ciel s'ouvre et qu'un ange vient se tenir en leur compagnie au milieu des moutons qui dorment. Comme lors des annonces de Gabriel, l'ange dont on ne connaît pas le nom les rassure : « Soyez sans crainte. » Et leur nuit devient clarté. Ce n'est plus un seul ange qui se tient là, mais tous les anges. Les anges gardiens de chacun d'eux, les nôtres, et toutes les chorales des anges, et la totalité du ciel vient s'installer parmi les moutons pour chanter. Alors, les bergers vont voir de plus près ce dont il s'agit. Et ils te découvrent, dans un de leurs abris, avec Joseph qui a disposé un peu de paille pour colmater un courant d'air. Ils te découvrent et ils se taisent. Ils se taisent et ils contemplent l'enfant. Ils le contemplent et se laissent contempler par lui. Je crois que le Père éternel est là aussi, caché par un ange ou par un mouton. Je crois qu'il est là pour voir son Fils et reconnaître ses traits. Il est là, dans l'ombre, à chaque naissance d'un petit d'homme. Mais celui-là est le seul qui lui ressemble sans partage. Et toi Marie, pendant que tu es tout absorbée par le soin de Jésus, le Père te contemple toi aussi. Il contemple son Fils, il contemple Joseph et il vous aime. Je crois même qu'il pleure de joie et qu'en chacune de ses larmes brille chacun de nos visages, comme reflétés par le visage du fils unique.

C'est la première fois que le ciel s'ouvre de la sorte. Et il ne se refermera plus. Les bergers ne savaient pas – mais nous, le savons-nous ? – que le ciel s'est ouvert afin que les pauvres puissent parler à Dieu. Les bergers ignoraient qu'ils allaient non seulement parler mais pouvoir toucher Dieu, le prendre dans leur bras, le bercer. Les bergers vont découvrir qu'il leur revient, qu'il nous revient de prendre soin de Dieu comme on le fait d'un nouveau-né, vulnérable, sans défense. Cela Marie, tu l'apprends la première. Tu l'apprends dans tes veines, dans ton sang, dans des entrailles. Les bergers vont repartir et tenter de dire à leurs proches ce qu'ils ont vu. Mais comment peut-on dire une lumière ? Et transmettre le chant des anges ? Et décrire le regard d'un nouveau-né si petit et si grand au fond d'une mangeoire ? Celui ou celle qui a un jour perçu dans sa vie un peu de cette clarté, quelle que soit la forme qu'elle a prise pour lui, sait qu'il n'est pas possible de l'oublier. Alors les bergers s'en retournent dans leurs pâturages en chantant, et les moutons s'étonnent de ce que l'herbe est plus verte et plus goûteuse que la veille.

Toi Marie, tu te tais. Tout ton être est tendu, en éveil, tu accueilles tout en celui que tu reçois. Les réactions des uns, l'étonnement des bergers, le chant des anges, la présence de Dieu, l'attention de Joseph, les gestes de Jésus, mais aussi tout ce qui a pu être dit à travers les siècles sur cet évènement, tout cela est entre tes mains blotti contre toi comme Jésus. Car ton enfant cristallise en sa vie tout cela. Tu ne sais pas de quoi demain sera fait, mais tu sais qu'il faut tout recueillir comme un don, afin de comprendre à l'heure juste, ce qu'il conviendra de comprendre. Sœur Jeanne d'Arc traduit : « Marie, elle conserve toutes ces choses et s'en entretient dans son cœur. » Je trouve cette expression très belle. Elle dit ce qu'est la prière, cette voix intérieure qui n'est pas un monologue, mais une adresse. Nous autres sommes très souvent oublieux. Oublieux de prendre le temps de cet entretien intérieur, et oublieux de tout ce que nous avons reçu. Seul Dieu se souvient quand nos mémoires défaillent. Et voilà que toi, Marie, tu nous apprends qu'appuyés sur la mémoire de Dieu, tu peux tout conserver en ton cœur.

Le contenu de ce que tu gardes ainsi par-devers toi est ton secret. J'y vois le mystère de ce que chacun est devant Dieu. Chacun de nous, unique, peut dans son cœur garder tout ce qu'il a traversé, les joies et les drames, et se dire que cette petite chose, sa vie, est finalement une grande chose sous le regard de Dieu. En cette nuit sainte, j'entends aussi la prière d'Etty Hillesum qui a eu le génie d'écrire ceci le 12 juillet 1942 que tu aurais pu dire, Marie :

> Il m'apparaît de plus en plus clairement à chaque pulsation de mon cœur que tu ne peux pas nous aider, mais que c'est à nous de t'aider et de défendre jusqu'au bout la demeure qui t'abrite en nous. [...] Il y a des gens qui cherchent à protéger leur propre corps, qui pourtant n'est plus que le réceptacle de mille angoisses et de mille haines. Ils disent : Moi je ne tomberai pas sous leurs griffes ! Ils oublient qu'on n'est jamais sous les griffes de personne tant qu'on est dans tes bras.
>
> Cette conversation avec toi, mon Dieu, commence à me redonner un peu de calme. J'en aurai beaucoup d'autres avec toi dans un avenir proche, t'empêchant ainsi de me

fuir. Tu connaîtras sûrement des moments de disette en moi, mon Dieu, où ma confiance ne te nourrira plus aussi richement, mais crois-moi, je continuerai à œuvrer pour toi, je te resterai fidèle et ne te chasserai pas de mon enclos [1].

1. E. Hillesum, *Une vie bouleversée suivi de Lettres de Westerbork*, Paris, Éd. du Seuil, 1995, p. 176-177.

Le 25 décembre.

Chère Marie,

Il est une autre façon de raconter cette naissance. L'évangéliste Jean, qui jamais ne cite ton nom, a choisi de construire un immense porche pour son évangile en racontant la venue solennelle du Verbe dans la chair. Il n'est pas question de nouveau-né, de mouton ou d'ange, mais d'un événement considérable, l'abaissement de Dieu dans son incarnation. Il me semble que ce texte est une sorte d'écho à ce que non seulement toi, mais tout le peuple des croyants médite en son cœur devant l'enfant que tu berces, que tu nourris, que tu cajoles et qui s'endort entre tes bras.

> Au commencement était le Verbe et le Verbe était auprès de Dieu et le Verbe était Dieu. Il était au commencement auprès de Dieu. Tout advint par lui, et sans lui rien n'est advenu de ce qui est advenu. En lui était la vie, et la vie était la lumière des hommes ; et la lumière brille dans les ténèbres et les ténèbres ne l'ont pas arrêtée.
>
> Advint un homme envoyé de Dieu, son nom était Jean. Il vient en témoignage, pour témoigner au sujet de la lumière, afin que tous crussent par lui. Celui-là n'était pas la lumière, mais il devait témoigner au sujet de la lumière.
>
> La lumière, la véritable, qui illumine tout homme, venait dans le monde. Il était dans le monde, et par lui le

monde est advenu, et le monde ne l'a pas connu. Il est venu chez lui, et les siens ne l'ont pas accueilli. Mais à tous ceux qui l'ont reçu, il a donné pouvoir de devenir enfant de Dieu, à ceux qui croient en son Nom, qui ne sont pas nés du sang, ni d'un vouloir de chair, ni d'un vouloir d'homme, mais de Dieu. Et le Verbe est devenu chair et il a séjourné [litt : planté sa tente] parmi nous. Et nous avons contemplé sa gloire, gloire comme celle que tient de son Père un Fils unique, plein de grâce et de vérité.

Jean témoigne à son sujet, et il crie : « C'est de lui que j'ai dit : lui qui derrière moi vient devant moi est advenu car avant moi il était. »

Oui, de sa plénitude nous avons tous reçu, et grâce sur grâce ; car la Loi a été donnée par Moïse, mais la grâce et la vérité sont advenues par Jésus Christ. Dieu, personne ne l'a vu, jamais. Un unique engendré, Dieu, lui qui est dans le sein du Père, Celui-là l'a fait connaître [Jean 1, 1-18].

Beaucoup ont écrit et commenté ce texte, lu le matin de Noël. C'est un des plus beau de la Bible, car il nous raconte que c'est parmi nous que ton Fils naît : il choisit de vivre une vie d'homme, pour toujours. Cela a eu lieu. Et nul ne peut faire qu'il en soit autrement. Dieu, le Créateur qu'aucun de nous n'a vu, jamais, même pas toi, Dieu au-delà de tout ce que l'on peut concevoir, imaginer, penser, Dieu choisit de se vider de lui-même et d'abriter sa Parole dans la vie des hommes. Il avait déjà fait cela discrètement, autrefois, en ayant laissé ses dix commandements, ses dix paroles, marcher au pas du peuple en exode vers une terre promise inconnue et lointaine. Voilà que maintenant c'est sa parole vive, la parole de la création, sa parole active, son Verbe, qui vient prendre notre chair. Il s'installe parmi nous, entre nous, en nous, en chacun de nous.

Chère Marie, est-ce cela que tu médites en ton cœur : l'incarnation de la parole de Dieu dans la chair d'un petit enfant permet à tous les hommes de croire que leur chair, de jubilation, de sang et de larmes, est digne de Dieu ? Les mystiques rhénans, à la suite de Maître Eckhart, parlaient volontiers des trois naissances du Verbe célébrées à Noël. Ainsi Tauler, un de ses disciples, dans un sermon de Noël, parle de l'engendrement éternel du Verbe en Dieu, de la naissance du Fils incarnée et d'une troisième naissance qui nous concerne tous, la naissance de Dieu en nous : « Dieu naît à Bethléem pour naître dans ton cœur. » Cette troisième naissance du Fils de Dieu est « celle par laquelle Dieu, tous les jours et à toute heure, naît en vérité, spirituellement, par la grâce et l'amour, dans une bonne âme [1] ». Nous n'avons pas fini d'*entendre* cela. La naissance de Jésus n'est pas seulement un événement du passé. Elle est l'actualité de notre vie quand nous acceptons de laisser la Parole naître en nous. S'incarner est l'œuvre d'une vie. Nous n'avons pas fini de nous incarner, et c'est le sens de la nativité : devenir qui nous sommes, c'est peut-être accueillir comme tu l'as fait celui qui naît en nous. Il faut pour cela le dépouillement qui est le tien, il lui faut de la place pour naître. Une place pour lui, y compris dans un courant d'air, ou un abri destiné aux moutons. Une place rien que pour lui. Aucune existence n'est indigne du Fils. Même la plus délabrée peut lui

1. J. TAULER, *Sermons*, Sermon 1 pour la fête de Noël, Paris, Éd. du Cerf, 1991, p. 13.

donner naissance. Cela, Marie, tu l'expérimentes dans ta propre chair et tu nous le donnes à croire.

Un refrain latin, *Dum medium silentium* – un introït –, était chanté et l'est encore dans les monastères, au début de l'office le premier dimanche de janvier. C'est une magnifique méditation sur la nuit de la nativité.

> Comme un profond silence enserrait toute chose
> et que la nuit allait au milieu de son cours,
> ta Parole puissante, ô Seigneur tout à coup :
> s'est élancée du ciel et du siège royal !
> Ps. Le Seigneur règne, revêtu de beauté ;
> Il s'est drapé de force : elle est son bouclier.

En citant explicitement le livre de la Sagesse qui évoque la nuit de Pâque[2], les auteurs de ce chant grégorien ont voulu signifier que le mystère pascal englobe la nativité. La parole de Dieu toute puissante va déchirer le ciel qui plus jamais ne sera fermé. Mais elle ne vient pas comme prévu. On attendait un ange exterminateur à la parole tranchante comme un glaive, qui éliminerait tous ceux qui s'opposent à la vie du peuple élu, et voilà un nouveau-né. On attendait la vengeance de Dieu et elle vient, certes, mais comme vient la douceur consoler les blessures inguérissables. On attendait que ton Verbe crie dans le silence. Alors oui, le cri de ton Fils, sur la croix, récapitulera tous les cris des hommes

2. « Un silence paisible enveloppait toute chose, et la nuit de la Pâque était au milieu de son cours rapide ; alors, du haut du ciel, venant de ton trône royal, Seigneur, ta Parole toute-puissante fondit en plein milieu de ce pays de détresse, comme un guerrier impitoyable, portant l'épée tranchante de ton décret inflexible », Sagesse 18, 14-15.

en les prenant dans le sien, mais cette nuit, c'est le vagissement du nouveau-né contre ton sein, Marie, que l'on entend. Devines-tu que cette petite musique puissante, les pleurs de ton bébé, deviendra un autre cri, plus déchirant que les éclairs de tous les orages, un cri dans lequel toutes nos supplications seront prises et portées ? Je ne sais. Mais, comme toute mère, tu pressens que l'enfant que tu berces récapitule tous les enfants du monde, bien qu'en étant l'unique, le tien. Cette subversion de la vengeance de Dieu, cachée dans cet introït, m'invite à croire que je peux me venger de la même manière de ceux qui m'ont fait mal. En demandant la grâce de la douceur, surtout parce que je n'y arrive pas. En demandant avec insistance la grâce de donner de la douceur autour de moi, y compris si je n'y ai pas accès, si elle me manque, de donner de la douceur à ceux qui m'ont griffée jusqu'au sang. Par les temps violents que nous connaissons, où nous pressentons que tout peut basculer dans l'horreur, il faudrait apprendre à se venger ainsi, par la douceur. L'adage « tendre l'autre joue » que ton fils va nous apprendre, n'est pas une soumission, mais l'acte fort par excellence qui déroute le conflit. La vengeance de Dieu sur le mal du monde se manifeste par un nouveau-né qui n'a que toi et Joseph pour le protéger des vents contraires et des méchants. Un nouveau-né qui n'a que nos mains et nos cœurs.

Alors que souvent nos fêtes sont bruyantes, je voudrais entrer avec toi dans ce silence de la nuit, et écouter le silence du monde et le nôtre, laisser monter en moi ce silence qui veille, comme des bras ouverts prêts à accueillir le fils unique. Je voudrais rester là, dans la nuit. Comme Jésus souvent le fera, en se retirant la nuit pour demeurer dans la prière du Père, dans son Souffle, et se laisser renouveler du dedans et naître encore, chaque jour, à la vie que son Père dépose en lui. Je te vois Marie, installée dans ce silence. Intimement liée au silence éternel de Dieu, toute proche de la source d'où jaillit le Verbe qui, tel une épée, nous sépare du chaos. Joseph aussi s'y tient. C'est ce qui vous lie le plus intimement. Quand les anges se sont tus, quand les bergers sont partis, il reste ce silence. Et c'est peut-être là que le souffle du Père se laisse percevoir par qui veille. Aide-moi, Marie, mon aînée dans la nuit, aide-moi à veiller avec toi dans le silence du monde, pour laisser ton Fils naître dans ma vie.

Le 26 décembre.

Chère Marie,

Matthieu n'a pas raconté la naissance de ton enfant autrement qu'en concluant le songe de Joseph par une minuscule phrase : « Et il ne la connaît pas jusqu'à ce qu'elle enfante un fils. » Et Joseph l'appela de son nom : Jésus. Dieu sauve. Il ne parle pas du recensement, mais confirme que Jésus est bien né à Bethléem de Judas au jour d'Hérode le roi.

Joseph se réveille du sommeil. Il fait comme lui a imposé l'ange du Seigneur : il prend avec lui sa femme. Et il ne la connaît pas jusqu'à ce qu'elle enfante un fils. Il l'appelle de son nom : Jésus [Matthieu 1, 18-25].

Jésus étant né à Bethléem de Judée, au temps du roi Hérode, voici que des mages venus d'Orient arrivèrent à Jérusalem en disant : « Où est le roi des Juifs qui vient de naître ? Nous avons vu, en effet, son astre à son lever et sommes venus lui rendre hommage. »

L'ayant appris, le roi Hérode s'émut, et tout Jérusalem avec lui. Il assembla tous les grands prêtres avec les scribes du peuple, et il s'enquérait auprès d'eux du lieu où devait naître le Christ. « À Bethléem de Judée, lui dirent-ils ; ainsi, en effet, est-il écrit par le prophète : Et toi, Bethléem, terre de Juda, tu n'es nullement le moindre des clans de Juda ; car de toi sortira un chef qui sera pasteur de mon peuple Israël. » Alors Hérode manda secrètement les mages, se fit préciser par eux le temps de l'apparition de l'astre, et les envoya à Bethléem en disant : « Allez vous renseigner exactement sur l'enfant ; et quand vous l'aurez trouvé, avisez-moi, afin que j'aille, moi aussi, lui rendre hommage. »

Sur ces paroles du roi, ils se mirent en route ; et voici que l'astre, qu'ils avaient vu à son lever, les précédait jusqu'à ce qu'il vînt s'arrêter au-dessus de l'endroit où était l'enfant.

À la vue de l'astre ils se réjouirent d'une très grande joie.

Entrant alors dans le logis, ils virent l'enfant avec Marie sa mère, et, se prosternant, ils lui rendirent hommage ; puis, ouvrant leurs cassettes, ils lui offrirent en présents de l'or, de l'encens et de la myrrhe. Après quoi, avertis en songe de ne point retourner chez Hérode, ils prirent une autre route pour rentrer dans leur pays [Matthieu 2, 1-11].

Il est tard, ce soir, à l'heure où je t'écris. Pour la première fois cette année, je réalise que si, les bergers t'avaient vu avec Joseph et votre enfant, les rois ne voient que l'enfant et toi. Joseph est devenu invisible. J'ai un peu de peine pour lui. Il rejoint le grand peuple des invisibles que Jésus ne va cesser de voir et de fréquenter. Je ne sais pas si Matthieu veut ainsi montrer l'effacement d'Israël au profit des païens dans l'Église naissante, ou si c'est de lui-même que Joseph fait place à ces savants venus de si loin ? Je pense au poème de Supervielle, « faire place », et trouve qu'il est fait pour Joseph.

Disparais un instant, fais place au paysage,
Le jardin sera beau comme avant le déluge,
Sans hommes, le cactus redevient végétal,
Et tu n'as rien à voir aux racines qui cherchent
Ce qui échappera, même les yeux fermés.
Laisse l'herbe pousser en dehors de ton songe
Et puis tu reviendras voir ce qui s'est passé[1].

Il y a donc deux rois en présence, et cela pose problème. L'un veut toute la place et ne supporte pas l'idée qu'un enfant puisse un jour se tenir sur son trône. Il se croit plus puissant que les prophéties, maître du destin du monde, et ce genre de folie des grandeurs se termine rarement bien, on ne le sait que trop. L'autre n'est pas un roi, mais un nouveau-né mystérieux, suffisamment unique en son genre pour que des savants des bouts du monde, au-delà de la terre des Hébreux, aient fait le chemin pour lui rendre hommage. Clairement, Matthieu oppose la reconnaissance des païens figurés par les mages, à l'absence de reconnaissance des puissances politiques locales.

Les forces en présence autour de l'enfant, si l'on prend la liberté de lire à la fois Luc et Matthieu – ce qu'il ne faut jamais faire en toute rigueur –, mais que je fais volontiers en ta présence, Marie, sont au nombre de six. Joseph et toi ; les anges qui se mettent à chanter dans le ciel ; les bergers ; le pouvoir romain qui a organisé le recensement, Hérode, le roi des Juifs ; les mages. Au milieu de tous, ton enfant dort entre tes bras. Le premier cercle est formé par votre couple, car vos

1. J. Supervielle, *Les Amis inconnus*, *Œuvres poétiques complètes*, Paris, Gallimard, coll. « Bibliothèque de la Pléiade », 1996, p. 344.

quatre bras ne sont pas de trop pour entourer l'enfant et le voile des anges qui chantent en vous enveloppant de la jubilation du ciel, manière de dire la puissante et discrète proximité du Père, tout à sa joie de mettre au monde une fois pour toutes, son Fils. Viennent ensuite les bergers et les mages. Les premiers, pauvres, n'ont pas eu trop de route à faire, car ils n'avaient pas grand-chose à laisser pour faire place à celui qui vient. Infréquentables, rustiques, ils sont le peuple élu. Les mages, savants venus de loin, ont dû beaucoup marcher tant il est vrai que le savoir est une richesse dont on ne se détache pas si facilement. Je ne sais pas si vous avez discuté avec eux ? Parliez-vous seulement la même langue ? Mais il est bien possible que le long chemin des mages, à travers les livres et les paysages, ressemble à ce que nous avons à parcourir pour laisser tomber les images de Dieu inutiles et enfin arriver à l'enfant, dans toute sa simplicité et l'appel qu'il lance par sa seule existence, vulnérable, et ses petites mains, tendues vers nous. Derrière ces groupes bienveillants, deux ombres encadrent et menacent ceux qui sont là : le pouvoir politique, dans sa dimension administrative – il faut recenser le peuple – et le pouvoir tyrannique, qui décide de la vie et de la mort selon ses propres caprices et ses propres intérêts.

L'ange du Seigneur veille néanmoins et prévient les mages qu'Hérode est un homme qu'il vaut mieux peu fréquenter. Une rencontre suffit. Entre-temps, ces hommes ont vu l'enfant et ils ont compris que les puissants de ce monde n'y comprendraient rien tant qu'ils resteraient sur leurs trônes, qu'ils soient construits sur le pouvoir ou le savoir. Tu n'as pas eu besoin des mages, Marie, pour savoir qu'avec ton fils, il te fallait apprendre à passer « par un autre chemin », toujours nouveau, imprévisible et parfois incompréhensible.

Beaucoup ont écrit sur les cadeaux des mages, et je m'y suis moi-même risquée en passant du temps au milieu des parfums et des encens. Car ce qui se tient dans la cassette qu'ils présentent à Jésus ressemble joliment aux parfums et encens que l'on offrait dans le Saint des Saints, devant le voile de l'Arche de l'alliance, un peu comme l'avait fait quinze mois plus tôt, Zacharie, ton cousin par alliance. Un fil est ainsi tendu entre la parole voyageuse de Dieu qui, dans le Décalogue, n'a cessé d'accompagner le peuple dans son chemin de libération et sa longue marche vers la terre promise, et le Verbe qui s'est fait chair en tes entrailles. Oui Marie, tu es devenue l'Arche sainte en le portant, et tu nous invites à faire de nos vies des arches saintes. Les parfums offerts par les mages peuvent aussi bien figurer la bonne odeur qui se déploie quand on donne ou quand on se donne, comme si s'incarner, finalement, ne s'accomplissait réellement que dans cette dimension oblative, où se perdre, c'est se trouver. C'est pourquoi la tradition a reconnu dans ces cadeaux l'or offert au roi, l'encens offert au Dieu et la myrrhe offerte à l'homme qui sera crucifié.

Se donner, c'est parfois souffrir, mais c'est surtout participer à la vie de ton Dieu qui le premier s'est donné à nous, et finalement, c'est régner. Sans doute as-tu compris cela plus tard, quand tu méditais dans ton cœur toute la vie de ton Fils, devenu ton Seigneur et maître. Je crois pourtant Marie, que dès l'enfant conçu en toi, tu règnes sur ta vie, comme nous sommes appelés à le faire. Tu règnes, non comme les tyrans le font, mais comme les hommes et les femmes libres le font quand ils n'ont rien à perdre. Comme le font celles et ceux qui ont entendu dans leur vie la parole de Celui qui les a relevés une fois pour toutes. C'est pourquoi devant les mages, tu te souviens de la reine de Saba rendant visite à Salomon. Et tu es comme une reine devant ces rois. Et Joseph, du fond de son silence, du fond de l'ombre où il se tient pour ne pas déranger, aime ta liberté royale et règne aussi à sa façon. Quant à Hérode, roi de pacotille, il sombre et entraîne à sa suite bien des larmes, simplement parce qu'il a eu peur.

Savons-nous seulement que la peur peut tuer ?

Dans la nuit profonde où le sommeil m'entraîne, peux-tu veiller, Marie, sur ceux que le pouvoir enchaîne et qui craignent de le perdre ? Intercède pour eux afin qu'ils n'en viennent pas à détruire la vie des gens simples. Aide-nous à voir clair sur ce qui nous paralyse et peut nous entraîner à blesser nos proches même si, dans le fond, nous ne le voulons pas. Oui, veille sur nous, Marie, quand nous dormons.

Le 27 décembre.

Chère Marie,

Te voilà avec Joseph et cet enfant tout petit, de huit jours, ton fils. Te voilà avec Jésus, nommé officiellement « Dieu sauve », au moment de sa circoncision. Une entaille est faite dans sa chair, comme dans celle de tous les petits garçons juifs, pour signifier, depuis Abraham, que ce peuple ne fait pas nombre avec les autres peuples, et que Dieu a mêlé sa vie et ses pas avec les pas de ce peuple, y compris dans l'errance et l'exil. Car il fallait bien qu'il en aime un afin que l'on croie qu'il les aime tous. Au moment de ta purification, quelque quarante jours après la naissance de Jésus, Joseph et toi le portez au temple, et voilà Jésus qui pour la première fois entre dans la maison de son Père, pour lui être présenté, comme tout petit enfant premier-né. L'avantage d'être descendu à Bethléem, c'est que, du coup, le temple est plus près et que c'est plus simple pour aller y faire l'offrande prescrite pour la naissance de tout premier-né. C'est une offrande de pauvres que vous portez au temple, et cela suffit. Il n'est pas possible d'imaginer l'émotion de Dieu, mais la Bible a pourtant un mot féminin pour la dire, les « entrailles ». Oui, les entrailles du Père sont sans nul doute bouleversées de voir son petit porté par Joseph et toi, et déposé au temple, non dans les mains d'un prêtre, mais dans les bras d'un vieil homme, qui attend la consolation (*paraklèsin*) d'Israël. Et l'Esprit Saint (le *paraklet*) est avec lui.

Et lorsque furent accomplis les huit jours pour sa circoncision, il fut appelé du nom de Jésus, nom indiqué par l'ange avant sa conception. Et lorsque furent accomplis les jours pour leur purification, selon la loi de Moïse, ils l'emmenèrent à Jérusalem pour le présenter au Seigneur, selon qu'il est écrit dans la Loi du Seigneur : Tout garçon premier-né sera consacré au Seigneur, et pour offrir en sacrifice, suivant ce qui est dit dans la Loi du Seigneur, un couple de tourterelles ou deux jeunes colombes.

Et voici qu'il y avait à Jérusalem un homme du nom de Syméon. Cet homme était juste et pieux ; il attendait la consolation d'Israël et l'Esprit Saint reposait sur lui. Et il avait été divinement averti par l'Esprit Saint qu'il ne verrait pas la mort avant d'avoir vu le Christ du Seigneur. Il vint donc au Temple, poussé par l'Esprit, et quand les parents apportèrent le petit enfant Jésus pour accomplir les prescriptions de la Loi à son égard, il le reçut dans ses bras, bénit Dieu et dit : « Maintenant, Souverain Maître, tu peux, selon ta parole, laisser ton serviteur s'en aller en paix ; car mes yeux ont vu ton salut, que tu as préparé à la face de tous les peuples, lumière pour éclairer les nations et gloire de ton peuple Israël. » Son père et sa mère étaient dans l'étonnement de ce qui se disait de lui. Syméon les bénit et dit à Marie, sa mère : « Vois ! cet enfant doit amener la chute et le relèvement d'un grand nombre en Israël ; il doit être un signe en butte à la contradiction, – et toi-même, une épée te transpercera l'âme ! – afin que se révèlent les pensées intimes de bien des cœurs. »

Il y avait aussi une prophétesse, Anne, fille de Phanouel, de la tribu d'Aser. Elle était fort avancée en âge. Après avoir, depuis sa virginité, vécu sept ans avec son mari, elle était restée veuve ; parvenue à l'âge de 84 ans, elle ne quittait pas le Temple, servant Dieu nuit et jour dans le jeûne et la prière. Survenant à cette heure même, elle louait Dieu et parlait de l'enfant à tous ceux qui attendaient la délivrance de Jérusalem.

Et quand ils eurent accompli tout ce qui était conforme à la Loi du Seigneur, ils retournèrent en Galilée, à Nazareth, leur ville [Luc 2, 21-39].

Je me demande parfois si j'attends encore que quelqu'un vienne ainsi déposer ton fils entre mes mains. Je me demande si je l'attends suffisamment, si ma soif est intacte, ou si le temps l'a émoussée. Tu as dû être bien émue, Marie, de voir ainsi la réaction de ce vieil homme qui attendait la consolation d'Israël. C'est peut-être cet état d'âme qu'il convient d'avoir pour recevoir le fils unique entre ses mains : attendre la consolation du monde, la guetter comme si notre vie en dépendait. Attendre la consolation comme des peuples meurtris attendent la paix, comme des malades attendent la fin de la douleur, comme des prisonniers attendent le jour de leur libération. Attente ardente, vive, toute tendue vers l'avenir. Et voilà qu'entre ses bras, Syméon contemple son avenir dans le visage de ton enfant. Jésus est notre avenir ; il est celui qui vient à nous, qui ne cesse de venir. Il n'est pas seulement l'avenir d'Israël, mais celui des nations, de tous les peuples, d'hier et d'aujourd'hui. Et cela, Syméon le voit. Et toi tu le vois dans ses yeux. Et Joseph le voit dans les tiens. Ainsi commence la longue chaîne des témoins, qui répètent le soir avant de se coucher les mots de Syméon. « Maintenant, ô Maître souverain, tu peux laisser ton serviteur s'en aller en paix, selon ta parole. Car mes yeux ont vu le salut que tu préparais à la face des peuples : lumière qui se révèle aux nations et donne gloire à ton peuple Israël. »

Le Père est là, le Fils est présenté au temple, et l'Esprit Saint est là aussi. Je ne sais si tu le perçois, mais dans tes bras, toute l'humanité est présentée à Dieu, consacrée, dans la consécration de ton enfant. Toute l'humanité est portée par toi dans la figure de ce bébé, tellement vulnérable, qui ne peut vivre que si l'on s'en occupe, et vous deux êtes voués à sa vie, comme tous les parents de tous les temps. Deux tourterelles ou deux petites colombes sont sacrifiées pour l'occasion. Du sang est versé, en rançon de la vie de cet enfant. Il faudra entendre plus tard l'évangile nous rappeler pourtant qu'aucun moineau ne meurt sans que le Père du ciel soit présent à cette mort sans valeur. Les petites colombes sont les derniers animaux à mourir pour la consécration d'un enfant. Car cet enfant que tu tiens dans tes bras, tu ne le sais pas encore, mais son sang suppléera à tous les sacrifices. Après lui, il ne sera plus nécessaire de le verser. Peut-être que c'est cela que mystérieusement Syméon perçoit. Tout l'amour qui déborde de tes bras et des yeux de Joseph le taiseux viennent toucher les entrailles du vieux Syméon. Il est entièrement revêtu de l'Esprit du Père et habité de sa présence. Et toi Marie tu déposes Jésus dans ses bras.

Je ne sais pas ce que voit Syméon quand il dit avoir vu le salut. Il est des choses que des aveugles voient mieux que les voyant. Ce sont avec ses yeux de l'intérieur, peut-être avec les yeux de sa peau que le vieil homme, en caressant la peau toute douce de Jésus, découvre qu'il tient en ses bras l'humanité entière, dans sa plus grande vulnérabilité. Je ne sais pas ce qu'il voit, mais je sais ce que j'ai éprouvé en recevant pour la première fois mes neveux dans les bras. Il faut avoir porté contre soi pour la première fois un nouveau-né tout neuf, attendu, espéré, aimé avant même d'exister pour avoir une petite idée de ce qu'est la transcendance de Dieu. Quelque chose d'inconcevable, une irruption, un événement est là, dans les bras de celle ou celui qui reçoit l'enfant. On comprend alors que la condition humaine, fragile, tissée de finitude et d'éternité, est un grand mystère, une folie, et la trace de Dieu dans notre propre chair.

L'évangéliste a de l'humour. Et ce passage est un vaste pied de nez aux bien-pensants : pas de prêtres pour la présentation au temple, un vieil homme qui fait la nounou tandis que la vieille femme se transforme en prédicateur en annonçant par toute la ville les merveilles de Dieu. Tu sais, Marie, cela me fait penser à une très jolie miniature médiévale dans un manuscrit de Besançon dans laquelle tu es représentée en train de lire la Bible tandis que Joseph berce l'enfant. C'est cela un enfant : un être neuf qui peut renverser les rôles de chacun.

Sans doute êtes-vous Joseph et toi plus qu'étonnés de tous ces gestes d'attention déployés autour de Jésus.

C'est peut-être la question majeure des parents devant la si grande vulnérabilité de leur tout-petit : « Que sera cet enfant ? Qui deviendra-t-il ? », « Sera-t-il heureux ? », « Rendra-t-il heureux ses proches ? », « Saurons-nous l'accompagner dans la découverte de qui il est ? ». Mystère toujours neuf. La philosophe Hannah Arendt faisait de la naissance l'événement par excellence, ce qui nous permet de croire qu'un avenir est possible, car notre monde est un vieux monde, plus aujourd'hui qu'hier, un monde épuisé, et son avenir est lié à notre capacité de mettre au monde de la nouveauté, des enfants neufs, qui apportent chacun avec lui des énergies, des idées, des manières de faire, neuves. Chaque être humain, par sa venue, modifie le monde, car il est unique. Ton fils, Marie, plus que d'autres, puisque c'est en lui que chaque naissance advient.

Mais les dernières paroles de Syméon sont bouleversantes. Comment as-tu pu les entendre, Marie ? Comment un nouveau-né peut-il être signe de contradiction ? Tu pressens que sa manière d'arriver, de nulle part, au milieu de ta vie, annonce déjà qu'avec lui ce ne sera pas de tout repos. Jésus est un révélateur de fonds de cœur. Il le dira plus tard. Nous serons avec lui, ou contre lui, mais pas au milieu. Nous rassemblerons avec lui ou diviserons contre lui. Toi, Marie, tu seras toujours avec lui. Rien en toi ne sera séparé de lui. Et par ta vie, tu nous promets que c'est ainsi que nous devenons qui nous sommes, réellement. Plus nous sommes avec lui, plus nous devenons nous. Plus nous lui faisons de place, plus nous le laissons vivre en nous, plus nous devenons celle ou celui que nous sommes. Il n'y a pas de concurrence avec Dieu. Tu l'as découvert Marie, sans doute progressivement. Je sais bien que l'expérience de ceux qui nous ont précédés sert peu, de même que la nôtre sans doute à son tour n'éclairera pas beaucoup ceux qui nous suivent. Nous sommes oublieux, et peu enclins de nos jours à croire ce que disent les aînés. Quelques-uns pourtant ont un peu d'autorité, car du fond de leurs yeux on ne lit pas de condescendance mais simplement le désir d'éviter un peu de tracas. Par ce que tu nous apprends, Marie, tu espères sans doute nous éviter telle ou telle ornière que tu as dû contourner avec peine. Il n'empêche, ta disponibilité au divin m'épate. Il ne fait pas de doute que tu avais des dispositions. Cependant, comment as-tu fait pour accepter sans crainte que Dieu prenne toute la place dans ta vie, si ce n'est en découvrant que plus il prenait de place, plus il t'en restait, plus il t'en faisait, plus ta vie devenait ample ? Quels conseils donnerais-tu à ceux qui ne peuvent se laisser aller à faire de la place à l'autre, quel que soit son nom ? Sans doute faut-il un peu d'exercice, un peu d'entraînement, et beaucoup d'amour… Marie, comment fait-on pour aimer Dieu ? Lui as-tu demandé qu'il t'apprenne ? Il faut tout demander, c'est cela, n'est-ce pas ? Surtout demander ce que nous ne pouvons pas faire tout seul. C'est cela que tu transmettras aux gens de Cana. Il faut demander.

Anne, la prophétesse, est de ces aînés fiables. Le texte nous dit qu'elle ne quittait pas le temple. Et voilà qu'elle « se présente » à vous. L'enfant qui est présenté à Dieu entraîne à sa suite des hommes et des femmes qui à leur tour se présentent. En se présentant, il nous donne la grâce de nous présenter. Le recevoir, c'est se présenter ; se présenter, c'est le recevoir. Admirable échange. Oui, Dieu est grand.

Le 27 décembre

Alors, nous voilà, Marie, comme Syméon, avec ton enfant dans les bras et, comme Anne, la bouche déliée pour vanter la beauté et la bonté qu'il dégage. Nous voilà avec toi au temple. Dis-moi Marie, peux-tu nous présenter à Dieu ?

Le 28 décembre.

Chère Marie,

Aujourd'hui, quelque trois jours après avoir fêté la nativité de Jésus, la liturgie nous invite à faire mémoire d'un événement tragique en célébrant les « saints innocents », les enfants martyrs. J'avoue ne pas très bien comprendre comment cette fête est devenue une sorte de « fête des fous » notamment dans le monde de tradition hispanique, mais aussi dans les monastères, invitant l'abbé à se conduire comme un novice et les novices comme l'abbé.

Dans les évangiles dits « de l'enfance », que ce soit chez Luc ou Matthieu, la dimension tragique est pourtant rudement présente. Ce glaive qui va te transpercer le cœur, selon les mots de Luc, voilà que Matthieu lui donne une consistance terrible avec l'assassinat, par Hérode, de tous les enfants de moins de deux ans, afin d'être certain d'éliminer celui qui lui a été annoncé comme un roi.

> Après leur départ, voici que l'Ange du Seigneur apparaît en songe à Joseph et lui dit : « Réveille-toi, prends avec toi l'enfant et sa mère, et fuis en Égypte ; et restes-y jusqu'à ce que je te dise. Car Hérode va rechercher l'enfant pour le faire périr. »
>
> Il se leva, prit avec lui l'enfant et sa mère, de nuit, et se retira en Égypte ; et il resta là jusqu'à la mort d'Hérode ;

pour que s'accomplît cet oracle prophétique du Seigneur : D'Égypte j'ai appelé mon fils.

Alors Hérode, voyant qu'il avait été joué par les mages, fut pris d'une violente fureur et envoya mettre à mort, dans Bethléem et tout son territoire, tous les enfants de moins de deux ans, d'après le temps qu'il s'était fait préciser par les mages.

Alors s'accomplit l'oracle du prophète Jérémie : Une voix dans Rama s'est fait entendre, pleur et longue plainte : c'est Rachel pleurant ses enfants ; et ne veut pas qu'on la console, car ils ne sont plus [Matthieu 2, 13-18].

Il n'est pas possible de lire ce texte sans se prendre en pleine figure cette énigme jamais résolue : d'où vient que la naissance du Sauveur provoque la mort d'enfants innocents ? Comment est-il possible de simplement penser que l'accomplissement des Écritures passe par un tel massacre ? À moins que nous ne comprenions rien à cet accomplissement ? Peut-être que l'Écriture s'accomplit parce qu'elle décrit notre monde tel qu'il est ? C'est pourquoi, Marie, lorsque tu gardes « toutes ces choses » dans ton cœur, tu peux nous aider à lire avec toi ce qui est écrit, y compris dans la dureté du texte. Hérode a bien des visages aujourd'hui, et Rachel qui pleure accompagne bien des mères éplorées.

Joseph, ton époux silencieux, dont on n'avait pas parlé lors de la visite des mages, réapparaît dès leur départ. Il ne dit rien mais il est là. Un ange de nouveau l'a sorti de son lit et il ne diffère pas sa décision de partir. Partir encore et encore, pour te protéger et protéger ton fils. Vous êtes des exilés, comme le peuple hébreu n'a cessé de l'être. Exilés de Nazareth, exilés de Bethléem, exilés de la terre promise, étrangers en

Égypte, dans le pays de l'esclavage qui devient cette fois-ci un abri, comme il le fut pour Joseph l'ancien, le jumeau de ton Joseph à toi, en d'autres temps.

Dans le drame qui se joue, toute l'histoire sainte est rassemblée. C'était à Rama, à huit kilomètres de Jérusalem que le peuple hébreu avait été rassemblé avant la déportation à Babylone. De Rama monte le cri de Rachel, la matriarche, mère de Joseph et épouse de Jacob, mère de David et de tous ses descendants, mère de tous les enfants martyrs. C'est de Rama que monte le cri muet de tous ceux qui sont partis en fumés dans les persécutions subies par le peuple juif, jusqu'à ce trou noir de l'histoire récente – la Shoah – quand un nouvel Hérode a décidé de décimer non seulement tous les enfants de moins de deux ans, mais tous les autres, afin que plus jamais n'existât d'enfant juif. Rachel a hurlé, le monde a vrillé sur ses bases et je crois que notre histoire contemporaine n'a pas fini de s'expliquer avec cette déchirure…

Je ne sais pas ce qui se passe en toi lors de ces jours, semaines et mois passés en Égypte. Je ne sais rien de vos peurs, de vos questions, de cet avenir inconnu qui doit parfois vous faire trembler. En même temps, je devine que la compagnie de cet enfant vous ramène toujours à l'essentiel : lui être présent. Comment vivez-vous alors ? Comment mangez-vous ? Le métier de Joseph – construire des toits pour les maisons des hommes – vous permet sans doute de survivre. En cas de catastrophe, il vaut sans doute mieux faire des toits que des livres pour manger.

Mais depuis la venue des mages, peut-être as-tu deviné que l'histoire sainte s'étend bien au-delà d'Israël ? Ton fils est fils d'Abraham et fils d'Adam. Il est la descendance promise au père des croyants, et tous les fils d'Adam sont ses frères et ses sœurs. C'est pourquoi le cri de Rachel dans la nuit de l'exil rejoint les cris de toutes les mères qui pleurent un enfant, et le silence de tous les enfants à qui on a volé la parole, par le sang ou par les larmes.

De nos jours l'énigme des crimes sexuels commis par des clercs sur des enfants et des personnes vulnérables n'est pas bien loin du crime d'Hérode. Chaque génération découvre de nouveaux visages d'Hérode, avec toujours le même effroi [1]. Demain, ceux qui nous suivent seront saisis d'horreur devant le nombre d'enfants morts en Méditerranée ou ailleurs, morts exilés comme vous le fûtes, contraints de partir pour sauver leur peau. Demain, lorsque la catastrophe climatique nous affectera dans notre vie la plus ordinaire, comme c'est déjà le cas dans nombre d'endroits, lorsque la terre sera crucifiée avec ton fils, les enfants de nos enfants seront sans voix devant notre incurie. Il n'y aura pas de retour d'exil possible, alors.

Le glaive qui te transpercera le cœur n'est pas seulement pour plus tard. La contradiction annoncée par Syméon s'actualise déjà. Je devine, Marie, que tout cela te retourne, que Joseph et toi êtes saisis d'effroi,

1. Les victimes de crimes sexuels dans l'Église ont choisi la fête des saints Innocents pour supplier Dieu que vérité et justice se fassent, seule condition pour qu'un avenir soit possible dans l'Église

impuissants et pourtant convaincus qu'il faut sauver cet enfant-là, car qui sauve un enfant les sauve tous. Je crois que dans le cœur de Dieu, ce glaive n'en finit pas de saigner ; je crois que les anges qui chantaient dans le ciel la nuit de la naissance de Jésus, pleurent lors de la mort des innocents. Oui, je crois qu'aujourd'hui encore le ciel pleure et toi avec, Marie, tant qu'une seule larme d'un seul enfant des hommes coule sur sa joue. Prie pour nous, Marie, afin que comme Joseph, nous sortions de notre sommeil et que nous sachions protéger les enfants dès aujourd'hui, et ceux qui demain naîtront dans la nuit.

> Ainsi parle le Seigneur : À Rama, une voix se fait entendre, une plainte amère ; c'est Rachel qui pleure ses fils. Elle ne veut pas être consolée pour ses fils, car ils ne sont plus.
>
> Ainsi parle le Seigneur : Cesse ta plainte, sèche tes yeux ! Car il est une compensation pour ta peine – oracle du Seigneur – ils vont revenir du pays ennemi [Jérémie 31, 15-16].

Le 29 décembre.

Chère Marie,

Je t'écris cette fois au petit matin. J'aime ce silence du matin qui n'est pas le même que celui du soir, car il est plus riche de promesses que de regrets. Les gens de ma maison dorment encore, mais j'ai été réveillée – par un ange peut-être – comme en son temps Joseph le fut.

Car c'est encore un ange qui vient réveiller Joseph pour lui demander de rentrer au pays. Et de nouveau, sans attendre, Joseph obéit. Il prend le pas du peuple, le pas de Moïse et des Hébreux d'antan pour traverser le désert jusqu'à la terre promise. Plus dégourdi que ses ancêtres, il n'y passe pas quarante ans, mais sans doute quelques jours ou semaines. Te voilà Marie, sur les pas du peuple qui apprend à devenir libre. Libre, toi, tu l'es depuis toujours, et ton fils a construit en toi cette armature de femme libre, revêtue de royauté. Alors tu marches. Femme verticale. Peut-être Jésus aussi ? Je ne sais pas quel âge il a quand il rentre au pays, mais sans doute entre un et deux ans. Je le vois volontiers monté sur un ânon, et, de temps en temps, en descendre et te tenir la main quand le chemin n'est pas trop raide. Je le vois jouer à courir avec Joseph, aux heures fraîches du matin, et somnoler l'après-midi à l'ombre d'un chêne ou d'une tente de Bédouins qui vous offrent un peu de lait de chèvre et un bout de pita.

Quand Hérode eut cessé de vivre, voici que l'Ange du Seigneur apparaît en songe à Joseph, en Égypte, et lui dit : « Réveille-toi, prends avec toi l'enfant et sa mère, et mets-toi en route pour la terre d'Israël ; car ils sont morts, ceux qui en voulaient à la vie de l'enfant. »

Il se leva, prit avec lui l'enfant et sa mère, et rentra dans la terre d'Israël. Mais, apprenant qu'Archélaüs régnait sur la Judée à la place d'Hérode son père, il craignit de s'y rendre ; averti en songe, il se retira dans la région de Galilée et vint s'établir dans une ville appelée Nazareth ; pour que s'accomplît l'oracle des prophètes : Il sera appelé Nazôréen [Matthieu 2, 19-23].

Joseph a un vrai sens politique. Et son ange de la nuit lui donne raison. Il vaut mieux remonter plus haut, remonter encore au-delà de la Judée, traverser la Samarie et rentrer au pays de ton enfance, Marie. Du temps a passé, peut-être les voisins ont-ils oublié leurs commérages sur le début de ta grossesse un peu précipité. Vous rentrez au pays, voilà tout. Dans une zone de routes et d'échanges, que l'on appelle la Galilée des nations, pays de métissage et de rencontres.

J'aime le petit verset de Luc qui conclut la première enfance de Jésus. « Le petit enfant grandissait, se fortifiait empli de sagesse. Et la grâce de Dieu était sur lui » (Luc 2, 40). Toi, Marie, tu contemples ton fils et lui apprends à vivre. Il marche seul et bientôt mange seul. Avec Joseph, il commence à découvrir le bois, les textures, les couleurs et les odeurs des différentes essences. Au milieu de vous deux, il apprend à compter.

Il part à la synagogue avec son père, et là, au milieu des anciens, il apprend à lire. J'aime imaginer Jésus en train de découvrir les Écritures. Voilà comment Dieu s'abaisse. Il refait le chemin des hommes pas à pas ; Dieu apprend à lire en son Fils. De la même manière qu'il apprend à lire en chacun de nous, quand à nouveau nous faisons ce même travail. J'aime imaginer Jésus en train de jouer et de dire à son père comme tous les enfants « Encore ! encore ! ». Sans doute Joseph lui a-t-il construit un petit lit, une petite chaise. Peut-être a-t-il écrit son nom dessus ? Sans doute lui as-tu tissé des vêtements, des tuniques pour les jours ordinaires et pour les fêtes. Tu lui as fait de la bouillie avec le lait des chèvres. Et petit à petit, il a aimé l'odeur du pain craquant, sortant du four, et je te vois lui faire un petit pain pour lui, un peu moins cuit, pour ses petites dents, et je devine la lumière de son regard tourné vers toi quand il croque dedans.

Et puis, Joseph et toi, l'un comme l'autre, l'un avec l'autre, vous apprenez à Jésus à prier, à s'adresser au Père éternel qui veille depuis la première heure sur son Fils bien aimé. Oui, Jésus a appris de toi Marie à parler à son Dieu. Il a appris de son père à écouter le silence du monde et à y découvrir cette autre voix, ce murmure discret du Père qui ne cesse de s'adresser à nous, et que nous pouvons entendre, si nous prenons le temps de l'écouter et de nous taire. Joseph, dont l'ouïe est assez fine pour entendre de nuit la voix des anges, a sans doute appris le silence à votre fils, et la promptitude à répondre quand un ange vient lui toucher l'épaule d'un léger battement d'ailes.

À Marie

Le silence de Nazareth et la vie enfouie de votre famille ne peuvent que nous encourager à traverser les périodes d'enfouissement avec beaucoup de sérénité, car ton fils est là, avec toi, dans le cours ordinaire des jours, comme il est là, avec nous. Et là où il est, tu es ; là où il est, nous pouvons être. « Là où tu es, Dieu est », écrivait Maître Eckhart. Il n'est plus besoin d'anges qui parlent. La présence de ceux qu'on aime est l'incarnation de la présence de Dieu. La vie spirituelle n'est rien d'autre qu'une forme de présence au monde, aux autres, à Dieu et à soi-même. Marie, cela, tu le sais mieux que tous, et tu peux nous aider à le découvrir. Merci de tout cœur.

Le 30 décembre.

Chère Marie,

Je suis heureuse, tu sais, de cette lecture des évangiles en ta compagnie, en cette octave de Noël qui fait durer la fête et nous aide à approfondir ce mystère.

Jésus grandit comme tout le monde. L'épisode relaté par Luc lorsque Jésus a douze ans nous le montre un brin rebelle comme les adolescents de son âge. Le texte de l'évangile a bien sûr une intention théologique, mais avant tout il sonne juste. Jésus a douze ans, et comme vous ne vous rendez pas compte tout de suite de sa disparition, c'est sans doute qu'il est en partie autonome. Peut-être que vous ne vous êtes pas tout à fait aperçus qu'il avait grandi. Cela, les parents le réalisent par à-coups.

> Ses parents se rendaient chaque année à Jérusalem pour la fête de la Pâque. Et lorsqu'il eut douze ans, ils y montèrent, comme c'était la coutume pour la fête. Une fois les jours écoulés, alors qu'ils s'en retournaient, l'enfant Jésus resta à Jérusalem à l'insu de ses parents. Le croyant dans la caravane, ils firent une journée de chemin, puis ils se mirent à le rechercher parmi leurs parents et connaissances. Ne l'ayant pas trouvé, ils revinrent, toujours à sa recherche, à Jérusalem. Et il advint, au bout de trois jours, qu'ils le trouvèrent dans le Temple, assis au milieu des docteurs, les écoutant et les interrogeant ; et tous ceux

qui l'entendaient étaient stupéfaits de son intelligence et de ses réponses.

À sa vue, ils furent saisis d'émotion, et sa mère lui dit : « Mon enfant, pourquoi nous as-tu fait cela ? Vois ! ton père et moi, nous te cherchons, angoissés. »

Et il leur dit : « Pourquoi donc me cherchiez-vous ? Ne saviez-vous pas que je dois être dans la maison de mon Père ? »

Mais eux ne comprirent pas la parole qu'il venait de leur dire. Il redescendit alors avec eux et revint à Nazareth ; et il leur était soumis. Et sa mère gardait fidèlement toutes ces choses en son cœur [Luc 2, 41-51].

Il est resté au temple, car c'est là qu'il doit apprendre des anciens. Vous lui aviez appris à lire, et les croyants de la synagogue l'avaient accompagné dans son apprentissage de la foi. Mais il lui faut parler avec les savants de Jérusalem. Il questionne et il écoute. Et les anciens sont impressionnés, comme chacun de nous peut l'être devant l'enthousiasme et la rapidité de pensée des plus jeunes. Il me semble essentiel de réaliser que tout jeune, comme il le fera plus tard, Jésus pose des questions. Il ne cessera de le faire, demandant à l'un s'il veut guérir, à l'autre : « Que veux-tu que je fasse pour toi ? », et aux siens : « Pour vous qui suis-je ? »

Mais pendant ce temps-là, toi tu cherches ton fils. Je t'imagine de plus en plus inquiète au fur et à mesure où tu découvres que ceux avec qui tu croyais qu'il était te disent qu'ils ne l'ont pas vu. Quelle inquiétude cela doit être de ne pas trouver son enfant ! Il vous faut au moins un jour de marche dans l'autre sens, vers Jérusalem et encore trois autres jours pour enfin le trouver. Vous ne le savez pas encore, mais vous tracez le chemin que prendront plus tard les disciples d'Emmaüs. Pour chercher Jésus, à un moment ou à un autre, pour le retrouver, il faut faire demi-tour, et monter à Jérusalem. L'évangile est pudique mais nous fait part de ton angoisse et de celle de Joseph, ainsi que du reproche que tu fais à Jésus. Mais lui ne s'excuse pas. Il dit simplement ce qu'il pense juste : sa place est d'être dans le temple, dans la maison de son Père. Joseph se tait. Comment peut-il entendre cette affirmation qui le consigne à la place de père adoptif ? Mais il ne fait aucun reproche. Que Dieu se soit fait petit enfant, quel mystère. Qu'il se soit fait adolescent, quel autre mystère ! Ni Joseph ni toi ne comprenez ce qui arrive. Tu rejoins ce faisant les inquiétudes de toutes les mères du monde, qui tremblent pour leur fils, cet étranger sorti d'elles et qui demeure pourtant une énigme, une opacité, une liberté. Mais tu nous aides aussi, Marie, à comprendre ce renversement bouleversant, cette véritable conversion : la plus grande des vulnérabilités n'est pas la nôtre mais celle de Dieu qui a déposé sa vie entre nos mains. S'inquiéter pour ton fils égaré, comme fuir autrefois en Égypte, c'est veiller sur Dieu. Cependant, on imagine volontiers le retour à pied, loin de la caravane, un peu tendu.

Il me semble pourtant qu'à nouveau tu nous enseignes quelque chose, Marie. Même si lui s'en défend, il faut chercher Jésus. Le présent que tu utilises, Marie – « nous te cherchons angoissés » – est un présent qui dure. Plus que jamais, dans ce temps qui est le nôtre, nous sommes là, avec toi, à chercher Jésus qui n'est pas là où on le pensait. Et si, jeune garçon de douze ans, il est pour lui évident que c'est dans le temple qu'on peut le trouver, sa vie d'homme va lui faire découvrir progressivement, et nous avec, que c'est bien souvent ailleurs que l'on pourra le rencontrer. Plusieurs rencontres avec des païens seront décisives. Et il finira par mourir non seulement hors du temple mais hors de la ville sainte, au milieu des malfrats. Il me semble que tu l'accompagneras dans cette découverte, et peut-être même l'encourageras-tu à ne pas en rester au temple. D'ailleurs, il redescend avec vous de Jérusalem à Nazareth, et là encore vous tracez le chemin que prendront les disciples après la résurrection, lorsque Jésus les invitera à partir en Galilée. « Là vous me verrez. » Il descend, et s'enfonce dans sa vie d'homme. Il l'accepte, et s'enfonce dans le silence et la discrétion. On n'entendra plus parler de l'adolescent Jésus.

Dans toutes ces allées et venues, comme avec Jésus enfant, vous revisitez Joseph et toi le trajet du peuple, et vous préparez la route pour les suivants. Il me semble que l'on pourrait faire une cartographie de tes pas pour apprendre de toi où aller. Il a fallu passer par l'exil de l'Égypte, puis emprunter le chemin du retour, celui de l'exode. Il te faut maintenant monter et remonter à Jérusalem, il te faut chercher inlassablement ton fils. Avec vous, nous le trouverons au temple, mais le temple désormais n'est plus un temple de pierre. C'est dans un autre temple qu'il faut chercher, fait de chair et de sang, et cela Marie, tu l'as découvert dans ton propre corps. Quand Jésus a douze ans, il ne le sait pas encore, mais toi tu le sais : le temple véritable, ce sont nos vies, désormais, comme la tienne, abritées à l'ombre de l'Esprit, nos existences et leurs trésors, temple de l'Esprit.

Le 31 décembre.

Voilà Marie, nous terminons l'année et l'octave de Noël. Ces lettres me permettent de la terminer avec toi et avec Jésus qui grandit, en âge, en sagesse, en taille et en grâce, devant Dieu et devant les hommes (Luc 2, 52). Souvent, je travaille la nuit de la saint Sylvestre. Cette année, je travaillerai demain, alors j'ai le temps de t'écrire.

Voir les enfants grandir est sans doute un des plus grands bonheurs qui soit. Et quand ils vont mal, une grande douleur. Je vois à la prison des enfants qui ont grandi tout de guingois – des filles surtout, car je travaille auprès des femmes détenues. Elles étaient seules et ont cumulé des situations impossibles à porter quand on est petit. Certaines rebondissent avec un courage exceptionnel. D'autres partent dans la vie avec de telles difficultés que l'on peut être tenté de croire et de penser qu'elles courent au drame. Mais nul ne préjuge de l'avenir. S'il est une leçon de la prison, c'est bien qu'il faut toujours croire à un avenir possible pour celles et ceux qui n'y croient plus eux-mêmes, *a fortiori* quand ils ont seize ou dix-sept ans.

> Quant à Jésus, il croissait en sagesse, en taille et en grâce devant Dieu et devant les hommes [Luc 2, 52].

Ce soir, nous allons prier pour la paix. En compagnie de ce grand gaillard qui grandit dans ta maison et qui apprend à devenir un homme. Nous ne savons rien de son devenir entre douze et trente ans, à l'âge où tout se joue des choix qui nous façonnent. Je devine juste qu'en ta compagnie discrète, accompagné de Joseph, Jésus entre dans la respiration de Dieu. Il accorde son souffle au tempo de son Père, son pouls bat au rythme du souffle de fin silence du Père. Il apprivoise la nuit et s'y installe comme on rentre le soir à la maison. Et là, il entre dans la prière de Dieu, il devient la prière de Dieu, et le monde entier peut se reposer pendant que le Fils prie pour lui. C'est cela, je pense, la jeunesse de Jésus. L'amitié des hommes, l'affection des siens et la prière du Père. Puisse-t-il nous apprendre à nous glisser avec lui dans son souffle.

Toi Marie, tu te tiens depuis toujours dans ce souffle. Alors, intercède pour nous, afin que nous apprenions à notre tour, à devenir lieu-tenant de ton Fils et à poursuivre sa grande intercession pour la paix entre les hommes, en ta compagnie.

Le 2 février.

Chère Marie,

Voilà longtemps que je n'ai pas repris la plume. Disons que j'ai laissé ton Fils grandir. Je ne suis pas sûre de l'avoir laissé grandir en moi. C'est un peu toujours le problème : l'écart entre ce que nous voudrions vivre et ce que nous vivons réellement. As-tu connu ces écarts Marie, ou, au contraire, la place toute singulière que Dieu t'a donnée t'a-t-elle permis de vivre une forme de cohérence que d'autres s'épuisent à chercher leur vie durant ? Je le crois. Pourtant, je suis sûre que cette tienne cohérence ne s'est faite ni simplement, ni sans combat. Tu es des nôtres, Marie, et le glaive qui t'a traversé le cœur n'est pas seulement lié aux événements extérieurs. Je crois qu'il est ton propre combat pour tenir bon dans la foi, spécialement dans la foi nue, sans preuve ni assurance. Le temps qui sépare l'enfance de ton fils et sa première manifestation a dû être habité d'une forme toute singulière de cette foi nue. Peut-être as-tu douté de toi-même et de la visite de l'ange ? Car douter n'est pas ne pas croire, au contraire. Douter n'est rien d'autre que le lieu de la foi dénudée, quand toutes les raisons de croire ont disparu. Notre époque, et spécialement ici, en Europe occidentale, est propice à cette foi nue, car nous avons appris à nous passer de Dieu. C'est sans doute à la fois un malheur et une chance.

Un malheur, car au nom de notre liberté, nous nous mettons sous le joug de nouveaux dieux (la technique et l'esprit de puissance n'en sont pas les moindres), mais une chance, car si rien ne nous pousse à croire, c'est le moment opportun pour penser et vivre l'acte de foi dans sa nudité, une forme d'intériorité au cœur du doute et de la non-évidence de Dieu.

Nous fêtons aujourd'hui la journée « de la vie consacrée ». C'est peut-être une bonne occasion de reprendre la plume et de te rejoindre. Ce n'est pourtant pas de la présentation de Jésus au temple dont je voudrais que tu me parles, mais d'une autre présentation, celle de Cana, où finalement c'est toi, Marie, qui présentes Jésus au monde. J'ai toujours eu du mal avec le terme « vie consacrée », car c'est le baptême qui nous consacre et nous configure à ton Fils. Oui, le baptême fait de nous non pas des fils de Dieu, nous le sommes tous par notre naissance, mais des Christ, en nous plongeant dans la mort et la résurrection de ton Fils et en nous revêtant d'huile sainte. Il n'y a pas d'autre vie consacrée que celle-là. Alors, que les religieux et les personnes qui choisissent le célibat, la vie commune et le partage des biens soient appelées « consacrées », pourquoi pas, mais sans oublier les autres baptisés, tout autant consacrés. La véritable consécration, c'est peut-être justement ce que tu fais à Cana : présenter ton Fils et lui enjoindre d'agir. Voilà la tâche, qu'ensemble nous devons mener : présenter Jésus et lui enjoindre d'agir. Le présenter au monde par nos mots et nos gestes, et le supplier d'agir en le lui demandant. Alors, nous vivons véritablement notre identité chrétienne.

L'évangile te montre rarement aussi déterminée. Tu règnes, et tu nous invites à comprendre que croire, c'est régner sur sa vie. Est-ce une définition de la liberté ? Peut-être. Tu nous montres aussi que ta parole peut modifier l'action de Jésus, qu'il t'écoute. Et donc qu'il peut nous écouter, nous aussi. Rien n'est écrit d'avance. Dieu est libre, totalement libre, et libre aussi de s'adapter à l'agir de l'homme.

> Le troisième jour, il y eut des noces à Cana de Galilée, et la mère de Jésus y était. Jésus aussi fut invité à ces noces, ainsi que ses disciples. Or il n'y avait plus de vin, car le vin des noces était épuisé. La mère de Jésus lui dit : « Ils n'ont plus de vin. » Jésus lui dit : « Que me veux-tu, femme ? Mon heure n'est pas encore arrivée. »

J'aime que Jésus t'appelle « femme », comme il appelle les autres femmes. Il ne te réduit pas à ta maternité. Joseph n'est pas nommé, et à en croire la suite du texte, il n'apparaît plus nulle part à l'âge adulte de Jésus. Peut-être est-il mort ? Comment Jésus a-t-il vécu cela ? Et toi Marie ? Le texte nous parle aussi des frères et des disciples de Jésus. Je ne rentrerai pas dans la polémique qui s'interroge sur le statut de ces frères, frères de sang ou cousin ? Simplement, je suis heureuse de lire entre les lignes que Jésus n'a pas grandi seul, qu'il y avait autour de lui d'autres enfants, d'autres jeunes de son âge, et qu'il leur est resté lié. Les frères et les disciples forment donc deux groupes, comme dans nos vies : les liens d'amitié et les liens du sang. Il peut arriver que les frères et sœurs soient des amis, et c'est un cadeau. Il peut arriver, comme souvent dans la Bible, que les liens du sang soient compliqués. Il peut arriver aussi que certains amis soient plus proches que des frères et sœurs. Ce que j'aime en tout cas dans ce texte, c'est que ta famille, Marie, est large. Il y a les cousins, les oncles et tantes, les neveux et les nièces. Il y a les amis. Ce sont ces hommes et femmes, jeunes et vieux, qui sont là avec vous pour la fête et ton cœur est assez large pour veiller sur eux tous.

Sa mère dit aux servants : « Tout ce qu'il vous dira, faites-le. » Or il y avait là six jarres de pierre, destinées aux purifications des Juifs, et contenant chacune deux ou trois mesures. Jésus leur dit : « Remplissez d'eau ces jarres. » Ils les remplirent jusqu'au bord. Il leur dit : « Puisez maintenant et portez-en au maître du repas. » Ils lui en portèrent.

Lorsque le maître du repas eut goûté l'eau changée en vin – et il ne savait pas d'où il venait, tandis que les servants le savaient, eux qui avaient puisé l'eau – le maître du repas appelle le marié et lui dit : « Tout homme sert d'abord le bon vin et, quand les gens sont ivres, le moins bon. Toi, tu as gardé le bon vin jusqu'à présent ! »

Tel fut le premier des signes de Jésus, il l'accomplit à Cana de Galilée et il manifesta sa gloire et ses disciples crurent en lui. Après quoi, il descendit à Capharnaüm, lui, ainsi que sa mère et ses frères et ses disciples, et ils n'y demeurèrent que peu de jours [Jean 2, 1-12].

Marie, toujours jeune, Marie, dont le cœur ne s'est jamais endurci, tu es immaculée. À Cana, tu vois. Tu vois qu'il n'y a plus que de l'eau alors que la fête n'est pas finie. Tu vois et tu devines que ton Fils est l'époux qui vient, le maître de la fête. Alors tu parles et de ta douce autorité ordonnes : « Tout ce qu'il vous dira, faites-le. » Et l'eau devient du vin, et les vasques de purification deviennent amphores pour la noce.

« Tout ce qu'il vous dira, faites-le. » Cette phrase n'en finit pas de résonner en moi. Jésus en dit, des choses, dans les Évangiles. Il faudrait recenser toutes les questions qu'il pose et tous les impératifs qu'il formule, et un à un se demander en quoi nous sommes aujourd'hui concernés, et si vraiment nous avons fait tout ce qu'il nous disait de faire. Rude exercice, qui ne doit pas nous désespérer, mais nous relancer sur ses pas…

L'événement de Cana est considérable. Les jarres qui servaient à contenir l'eau de la purification deviennent des vases pour le vin de fête. C'est une sœur de ma communauté qui, un jour, m'a fait prendre conscience de l'importance des jarres. Avec l'entrée en scène de Jésus, l'eau de la purification n'est plus nécessaire, car son sang nous a purifiés une fois pour toutes. Ce qui compte ce n'est plus le rite, mais le vin de la charité. La purification ne vient pas de l'extérieur, mais du dedans, de cette vie qui brûle en chacun de nous dont la source est le Christ. Il nous revient juste d'y croire, et de faire « tout ce qu'il nous dira » afin de pouvoir goûter du vin de sa royauté. Nous sommes ces jarres dont la fonction a changé. La purification est devenue inutile, car par sa passion, Jésus a purifié le monde. Il n'est plus besoin d'autre geste de purification que cette attitude : nous tourner vers Jésus, et nous laisser transformer par lui, en étant réceptacles de sa vie neuve, comme toi tu l'as reçu intimement dans ton sein. Marie, tu sais ce que c'est que contenir ce vin nouveau, car tu as porté ton fils. Cela remet en cause tout notre rapport aux rites et à la liturgie, qui ne sont plus un préalable mais, au contraire, le remerciement pour les dons déjà reçus, gratuitement. Cela Marie, tu l'as su avant les autres. Et tu contrains Jésus à le manifester, y compris si ce n'est pas encore « l'heure ». Dans l'évangile de Jean, tu vas t'effacer complètement jusqu'à la passion. D'ailleurs, dans cet évangile, tu n'as pas de nom autre que « la mère de Jésus ». Le fait que ton nom ne soit pas prononcé est, je trouve, très heureux, car nous pouvons y glisser le nôtre, et apprendre de tes gestes pour à notre tour inviter nos proches à faire « tout ce qu'il [leur] dira ».

Dans les autres évangiles, tu apparais ponctuellement. Et à nouveau, je voudrais t'accompagner dans ces scènes souvent bouleversantes où, toujours, nous pouvons apprendre de toi comment vivre en compagnie de ton Fils. J'aimerais te suivre pas à pas, te regarder cuisiner, être avec toi l'hiver et jeter un coup d'œil dehors à la fenêtre, aller aider la voisine qui a du mal à marcher, préparer de petits pains pour le mariage d'un enfant du village, garder des enfants quelques jours pendant que leurs parents montent à Jérusalem. Être là, de façon discrète, comme une amie fidèle, ou une cousine proche. Être là, simplement.

Le 11 février.

Bonsoir Marie,

Il est tard dans la nuit. Seuls veillent ceux qui ne peuvent pas dormir, car ils vont mal, ils sont seuls, ou parce que l'âge a grignoté leurs nuits, et ceux qui ne doivent pas dormir, requis de veiller pour que d'autres dorment en paix. De garde dans ma prison, je reviens d'une urgence heureusement sans gravité. Il est 2 h 30, et le sommeil m'a fuie, alors je t'écris. À cette même heure, quelques moines que j'aime beaucoup, dans le Morvan, chantent Dieu au milieu de la nuit, pour ceux qui dorment et ceux qui ne dorment pas.

À Lourdes, au petit matin, ce sera fête[1]. De nombreux pèlerins sont arrivés pour être là en plein hiver, au pied de la grotte où Bernadette a vu une toute jeune femme qui parlait son patois et lui ressemblait assez pour ne pas l'effrayer. Depuis, les malades viennent là et se sentent chez eux. Je ne sais par quel miracle, Marie, tu as touché le cœur des plus pauvres ; et moins encore je ne sais comment Bernadette t'a vue. Il doit y avoir là-dessous comme une béatitude, « heureux les purs de cœur, ils verront Dieu » (Matthieu 5, 8). Mais c'est indéniable : pour qui se rend à Lourdes et écoute

1. La première apparition de Marie à Bernadette à Lourdes eut lieu le 11 février 1858. C'est pourquoi ce jour a été choisi pour fêter Notre Dame de Lourdes. Sous son patronage a lieu la journée mondiale des malades.

ce qui s'y vit, ta présence est un baume qui aide ceux qui n'osent pas à se tourner vers Dieu. Tu es là mystérieusement comme une ombre fidèle, elle-même à l'ombre de l'Esprit.

Tu sais, un de mes amis a appris hier la probable maladie sévère d'un de ses proches. Je pense à lui cette nuit. L'irruption de la maladie grave, avec ses incertitudes – et pire, ses certitudes redoutables – est un bouleversement toujours impossible. Je voudrais te confier cette personne qui m'est inconnue, et ses proches, sa famille et finalement tous nos malades, les personnes âgées qui vieillissent de façon si inégale, et ceux dont la vie et déchiquetée par la maladie d'un parent. Je voudrais te confier mes patientes aussi, car certaines sont vraiment malades, et, pour autant, pas prêtes de sortir d'ici. La nuit, il me semble que la prière est plus claire, elle ne s'embarrasse pas de fioritures. Alors, Marie de Lourdes et de tous les sanctuaires, Marie des pèlerins, Marie du Rosaire, Marie du secret de nos cœurs, prie pour nous, intercède pour nous.

Le 2 mars,
premier lundi de carême.

Chère Marie,

Je pense souvent à toi dans l'ordinaire des jours, en allant travailler, en marchant dans les rues de Paris, en attendant dans les bouchons, en faisant la cuisine certains week-ends à la maison, en allant visiter tel ami ou ma famille. Le carême vient de commencer. Je ne savais pas trop cette année comment le vivre. Et puis le mois dernier, je parlais de sainteté avec un de mes amis, et il me dit ceci : « La sainteté, c'est accepter de perdre son temps. » Je me suis alors souvenue de ce texte de Matthieu qui parle de perdre sa vie et de la trouver. Et j'ai pensé à toi Marie, à ta vie toute simple. Pendant la vie publique de Jésus, l'évangile parle peu de toi. Pourtant, il arrive que tu apparaisses en filigrane, comme si Jésus pensait à toi en parlant à ses disciples. Dans le texte qui vient de me revenir, Matthieu justement parle de famille, mais aussi de glaive et de divisions.

> « N'allez pas croire que je sois venu apporter la paix sur la terre ; je ne suis pas venu apporter la paix, mais le glaive. Car je suis venu opposer l'homme à son père, la fille à sa mère et la bru à sa belle-mère : on aura pour ennemis les gens de sa famille.

> Qui aime son père ou sa mère plus que moi n'est pas digne de moi. Qui aime son fils ou sa fille plus que moi n'est pas digne de moi » [Matthieu 10, 34-37].

À quoi Jésus pense-t-il en disant cela ? Est-ce à dire que ce n'était pas si simple, la vie familiale qu'il avait connue ? Se souvient-il de murmures que cousins et cousines auraient laissés échapper dans ton dos ? A-t-il perçu un peu du goût amer de la honte dont tu affirmais dans le *Magnificat* avoir été délivrée ? Le glaive dont il est question ici n'est-il pas celui qui t'avait été annoncé par le vieux Syméon ? Étais-tu là, Marie, quand ton fils fut mal reçu à la synagogue de Nazareth alors qu'il proclamait la parole de Dieu en annonçant son accomplissement effectif non dans les rites mais dans la chair des captifs libérés, dans la chair des malades guéris, dans la chair des opprimés délivrés ? Cette heureuse nouvelle offerte aux pauvres, tu l'as vue de tes yeux. Mais peut-être as-tu vu aussi un éclair d'acier passer dans le regard des jaloux, quelque chose de métallique comme le sang que l'on fait couler ? Et tu as frissonné car tu as reconnu dans ce regard l'éclat qu'il y avait trente ans plus tôt dans les yeux des mêmes cousins, ceux qui jugeaient que Joseph et toi étiez décidément bien mal venus de revenir à Nazareth, toi la fille mère et son muet de mari. Il me semble que Jésus enfonce le clou lorsqu'il précise :

> Qui ne prend pas sa croix et ne suit pas derrière moi n'est pas digne de moi. Qui aura trouvé sa vie la perdra et qui aura perdu sa vie à cause de moi la trouvera. Qui vous accueille m'accueille, et qui m'accueille accueille Celui qui m'a envoyé [Matthieu 10, 38-40].

Qu'as-tu perdu Marie, dans cette affaire, en accueillant cet enfant si inattendu, inconnu et dérangeant. Ta réputation, sans doute, et une certaine forme de tranquillité. Pourtant ton fils l'assure : tu l'as trouvé. Tu l'as trouvé dans tes entrailles, puis tu l'as trouvé comme Fils du Père. Oui, Jésus l'atteste, ce n'est pas lui seul que tu as accueilli, mais bien le Père, en recevant le Fils.

Pourquoi perdre est-il le chemin ? Peut-être à nouveau pour faire de la place ? Creuser la possibilité d'un espace, d'une crèche, d'un creux où Dieu peut sur la pointe des pieds se glisser. Il ne forcera rien. Et s'il n'y a pas de fissure par où entrer, il attendra. Perdre son temps, c'est le donner. Quand on n'a rien, le temps et le corps sont les derniers trésors. Et donner de son temps est un art difficile. Il y a une manière de le donner qui est une forme d'aumône qui rend redevable celui qui en bénéficie. Je ne crois pas que tu sois de celles qui donnaient de leur temps comme on donne des miettes. Non, je crois que chez toi Marie, on pouvait venir à toute heure, pour s'asseoir et parler. Et personne ne te sentait pressée. Tu étais là, ayant découvert bien avant Maître Eckhart que « là où tu es, Dieu est ». Tu étais là pour l'ange Gabriel, puis pour Joseph, et enfin pour Jésus. Et lui le sait, c'est pourquoi je crois que c'est d'abord à toi qu'il pense en disant aux siens : « Qui m'accueille accueille celui qui m'a envoyé. »

Voilà une bien belle manière de te rendre hommage. Tu es celle qui a accueilli le Père, et tu nous invites à croire que c'est possible d'accueillir Dieu dans son existence. Ce n'est pas un vœu pieux ou une pensée magique. Ta vie, tes relations, ton corps lui-même est modifié par cette disponibilité à l'inconnu que tu n'as pas seulement risquée une fois pour toutes, mais que chaque jour tu as continué à vivre, mystérieusement. Nul ne sait ce que cela t'a coûté. Il me semble, à lire et relire ces lignes de l'évangile, que ce ne fut pas rien. J'entends les paroles murmurées sur ton passage, non seulement le soupçon quant à l'origine de Jésus, mais aussi les remarques sur cette vie de bâton de chaises que subitement il décide de mener. « Est-ce que cela ne viendrait pas de son père inconnu ? » « Et Joseph qui ne dit rien ? N'est-ce pas toi qui le tiendrais, qui l'aurais comme envoûté ? » « Et ces idées révolutionnaires de libérer les pauvres, cela remet en question l'équilibre déjà fragile de la vie sociale, bien compliquée du fait de l'occupant romain. Y a-t-il vraiment besoin de rajouter des tensions supplémentaires ? » « Et pour qui se prend-il, ce Jésus à mettre en garde les braves gens ? » Tout cela, il me semble que tu l'entends, que tu en souffres. Tu accueilles toutes ces impressions et tu les arrêtes sur toi, sans rien rendre de la rancœur des gens jaloux. Peut-être est-ce aussi de toi que Jésus apprend que la plus grande victoire sur la rivalité, c'est de se soumettre au jaloux et de lui opposer comme unique vengeance la douceur qui n'accuse ni ne divise.

Je n'avais jamais pris vraiment conscience de tout cela. Mais, oui, tu peux comprendre celles et ceux qui s'adressent à toi parce qu'ils sont pris dans des relations compliquées dont ils ne savent comment sortir. Dans la lumière de Dieu où tu te tiens désormais près de ton

Le 2 mars, premier lundi de carême

Fils, peux-tu Marie intercéder pour nous, afin qu'à ton école nous apprenions cette forme de douceur, ferme et constante, qui te permet de ne pas craindre la division, car tu sais que le pouvoir du diviseur n'est plus ?

Le 9 mars.

Marie,

Le carême est commencé depuis dix jours déjà et je me rends compte que toute résolution est fragile.

Au-delà des bonnes intentions, seul demeure l'amour que nous mettons – ou pas – à l'œuvre pour que de vraies personnes, en chair et en os, puissent en vivre. Marie, ne me lâche pas la main ! En effet, nous sommes envahis par la propagation d'un virus qui nous promet de multiples incertitudes. J'ai du mal à penser à autre chose. Néanmoins, je voudrais que ces lettres soient préservées de cette épidémie, pour protéger comme un espace où me blottir, sous ton manteau avec l'humanité entière comme tant de représentations l'ont illustré.

Dans le prolongement de ma dernière lettre, il y a un autre passage de Matthieu que je trouve franchement raide. On a quand même l'impression que Jésus t'envoie promener. C'est en première lecture d'une vraie violence !

Comme il parlait encore aux foules, voici que sa mère et ses frères se tenaient dehors, cherchant à lui parler. À celui qui l'en informait Jésus répondit : « Qui est ma mère et qui sont mes frères ? » Et tendant sa main vers ses disciples, il dit : « Voici ma mère et mes frères. Car quiconque fait la volonté de mon Père qui est aux cieux, celui-là m'est un frère et une sœur et une mère » [Matthieu 12, 46-50].

Il me semble que l'on est toujours dans l'atmosphère de Cana, dans cette atmosphère que j'appellerais volontiers la « révolution des jarres ». L'ordre ancien est renversé et les relations familiales ne sont plus le tout des relations. C'est sans doute cela qui doit faire sérieusement grincer des dents dans ton dos, Marie. Tu es au milieu de ceux qui aimeraient bien récupérer Jésus pour eux, et pour eux seuls. C'est une leçon pour nous aujourd'hui : le Christ n'appartient pas aux seuls chrétiens. Il se pourrait qu'il ait des disciples hors des cadres officiels, bien au-delà de nos communautés chrétiennes. Et cela, Marie, il me semble que tu le sais. Mais en relisant bien le texte, Jésus n'empêche pas sa parenté d'être disciple, bien au contraire : il ouvre la parenté et invite tous ceux qui le souhaitent à entrer avec lui dans une relation de fraternité. Le disciple est un frère ou une sœur quand il « fait la volonté » du Père. Ou, pour prendre le passage parallèle dans l'évangile selon Luc : « Ma mère et mes frères, ce sont ceux qui écoutent la parole de Dieu et la mettent en pratique » (Luc 8, 21).

À un moment donné, il faut bien s'y résoudre, la vérité de la foi se vérifie dans les actes. Mettre en pratique l'Évangile, voilà la volonté du Père. Et du coup, il ne fait pas de doute Marie, que tu fais partie de la parenté de ton fils. Mais l'expression va plus loin. Celui qui écoute la parole de Dieu et la met en pratique n'est pas seulement un frère pour Jésus, il peut aussi être « mère ». Non seulement il justifie ton existence dans toute son épaisseur, mais il nous invite à l'enfanter nous aussi dans ce monde-ci. Nous pouvons, Marie, suivre tes pas, et apprendre de toi à mettre au monde Jésus. C'est bouleversant. Le retournement est à nouveau abyssal et, comme souvent dans la Bible, selon le regard que l'on pose sur le texte, le sens change. Les uns vont se sentir mis dehors par cette phrase, et la colère éprouvée à la première lecture vient peut-être de ce que l'on résiste au fait que le Christ n'appartienne à personne. Les autres vont se sentir confortés, car même s'ils ne sont pas « dans les clous », s'ils tentent de vivre vraiment de l'Évangile, voilà qu'ils se retrouvent selon la parole même de Jésus, dans le premier cercle de ceux qui l'entourent. Avec toi, de plain-pied, d'égal à égal.

Chère Marie, comment as-tu appris à entrer dans une forme de relation avec ton Fils, à ne plus privilégier les liens du sang, mais à devenir disciple de celui qui tu avais fait naître ? Avez-vous discuté, le soir, de Dieu, de la manière de vivre et de croire ? Ou bien l'as-tu regardé grandir et approfondir sa relation au Père, en gardant silencieusement dans ton cœur « toutes ces choses », sans toujours comprendre ? Toi qui sais, Marie, ce que c'est que croire dans ta chair, y compris dans l'incompréhension et la déception, toi qui n'as pas cessé de te déplacer intérieurement au fur et à mesure que ton Fils ouvrait en toi des voies nouvelles, apprends-nous à croire en lui, et à vivre de ce qu'il a ouvert en nous.

Le 16 mars.

Chère Marie,

Cette petite lettre hebdomadaire de carême est une respiration bienvenue. J'aime ce temps de retrait intérieur, de retenue. Je n'arrive bien souvent pas à l'habiter comme je le voudrais, mais il est là, et cela suffit sans doute d'essayer de m'y tenir. Pour préparer ces lettres que je voudrais ouvrir à d'autres, afin que d'autres aient à leur tour envie de te parler, de t'écrire, et de guetter avec toi notre Dieu, j'ai cherché dans les évangiles tous les textes qui parlent de toi, afin que tu m'aides à mieux les lire et les entendre. Et voilà un nouveau texte difficile.

Jésus est revenu chez lui, et donc chez toi. Tu es là, dans l'ombre, avec Joseph peut-être ? Les gens du village, vos proches, vos amis, ceux que vous côtoyez tous les jours, ne reconnaissent pas le Jésus qu'ils ont connu. En soi, pas de problème, mais ils le méprisent et c'est cela qui doit te transpercer le cœur.

> S'étant rendu dans sa patrie, Jésus enseignait les gens dans leur synagogue, de telle façon qu'ils étaient frappés et disaient : « D'où lui viennent cette sagesse et ces miracles ? Celui-là n'est-il pas le fils du charpentier ? N'a-t-il pas pour mère la nommée Marie, et pour frères Jacques, Joseph, Simon et Jude ? Et ses sœurs ne sont-elles pas toutes chez nous ? D'où lui vient donc tout cela ? »

> Et ils étaient choqués à son sujet. Mais Jésus leur dit : « Un prophète n'est méprisé que dans sa patrie et dans sa maison. » Et il ne fit pas là beaucoup de miracles, à cause de leur manque de foi [Matthieu 13, 54-58].

Le mépris se glisse dans les détails : Joseph n'est pas nommé, et toi tu es appelée « la nommée Marie ». Il semble que les gens qui murmurent entre eux considèrent qu'avec une telle parenté, la sagesse et les miracles dont Jésus fait preuve soient suspects. Comme si tu n'avais pas été capable de transmettre quoi que ce soit à ton fils ! Combien d'enfants ont ainsi été enfermés dans leur supposée hérédité familiale, ou leur milieu social ? J'entends d'ici comment cela pourrait être décliné aujourd'hui : « De telle cité ou de tel département (et là, on donne le numéro du département et pas son nom), peut-il sortir quelque chose de bon ? »

Et puis, en tendant l'oreille, on peut aussi entendre autre chose : ceux qui murmurent sont les « sachant », ils savent d'avance qui est Jésus. Ils savent d'avance qui est chacun de nous, puisqu'il a déjà fait ceci, ou dit cela, c'est donc qu'il est comme cela. Jugements à l'emporte-pièce, dans lesquels je tombe si souvent.

Et toi Marie, tu ne dis rien. Je sais que tu es là, que tu entends les voix qui se taisent sur ton passage, et les regards de biais. Je sais que tu entends et que tu en souffres, pas tellement pour toi-même, mais pour ton Fils qui n'est pas reçu alors qu'il est là chez lui, à la maison. Il me semble que le refus des Galiléens dit assez bien le refus des proches de Jésus, le refus d'Israël et le refus de l'Église. Ce sont toujours les plus proches qui reçoivent le moins bien le Fils. Il y a là un étonnant mystère que devrait méditer l'Église. La nature missionnaire de l'Église, ce n'est pas d'abord faire du chiffre ou convertir des hommes et des femmes. Elle est nécessairement missionnaire car si elle ne s'occupe que de ses propres affaires, elle peut en arriver à perdre la foi. Il me semble que toute ta vie, Marie, faite de désinstallations successives, nous apprend qu'il faut « sortir », être dans ce monde tel qu'il est, sans crainte de ce que nous sommes, afin de découvrir d'autres visages du Christ, afin d'entendre à nouveau frais ses paroles, et désapprendre ce que nous croyons savoir de lui.

Je voudrais Marie, durant ces jours, m'unir à ta douleur, m'enfoncer dans la peine que tu éprouves pour tes compatriotes qui méprisent Jésus car ils croient le connaître. Je voudrais m'enfoncer dans ce mystère que vit aussi l'Église, le mystère du refus du Christ par ceux qui sont les plus proches de lui. Je voudrais m'y tenir avec toi et avec tant d'autres, et prier pour que nos cœurs s'ouvrent, enfin. Je voudrais avec toi porter la moquerie sans la rendre, sans autre chagrin que le tien, uni au chagrin de ton Fils qui n'arrive pas à rejoindre les cœurs de ceux pour qui il est venu. Dans le silence.

Le 23 mars.

Chère Marie,

Aujourd'hui il fait un temps magnifique et nous sommes désormais confinés. Je regarde le ciel et je pense à toi et à ces paysages qui habillent mes souvenirs. Il y a peu de temps, j'ai eu la chance d'être d'aller un endroit de rêve, auprès d'un ami, devant la baie du Mont Saint-Michel qui, le matin, prend des teintes rosées, puis déploie tout un nuancier de gris et de bleus, qui varient dans la journée. Le soir, quand on veille du côté du Grouin sud, toute la baie devient brillante et les lumières du ciel se confondent avec l'eau pour un tableau en ombres chinoises dont on ne se lasse pas. L'hiver, par temps couvert, tout est gris et pourtant ces gris ne se ressemblent pas, comme une palette d'aquarelle. Je me souviens avoir eu l'impression d'être présente aux commencements du monde, alors que le Créateur n'a pas encore séparé les eaux d'en bas et les eaux d'en haut. Et je me dis que les habitants de la région de tous les temps ont vu cela. Et nous qui sommes là aujourd'hui, enfermés, nous sommes pourtant les contemporains de tous ceux qui nous ont précédés dans la contemplation de cette beauté.

Outre le mélange des couleurs entre les eaux d'en haut et les eaux d'en bas, un autre mélange existe, et ceux qui ont traversé la baie à pied le connaissent : le mélange du sable et de l'eau qui peut donner cette vase étonnante qui, à quelques mètres d'écart, donne un sol mouvant, alors qu'à côté il est stable. Rien de plus déroutant pour l'homme que le sol qui se dérobe sous ses pieds. Rien de stable, rien de fixe dans ce paysage. Tout est mouvant, comme nos vies finalement. Et, au milieu, se dressent le roc de Tombelaine et le roc du Mont. Le roc nu et le roc habité. Le roc d'avant les hommes et le roc des hommes avec leur Dieu. Au milieu de ce paysage mouvant et horizontal, des hommes ont voulu inscrire la verticalité et la transcendance pour signifier ce qu'ils avaient découvert dans leur vie : la présence solide à leur côté du Créateur des cieux et des eaux.

Devant le souvenir de cette symphonie de lumière, Marie, je pense à toi. Je regarde le bleu du ciel, et je pense à toi. D'où vient que l'on t'ait attribué cette couleur ? Est-ce en lien avec ce grand manteau constellé d'étoiles avec lequel on t'a volontiers représentée, un manteau qui abrite tous les hommes ? Si tu as porté le Fils unique, en lui, nous sommes ses frères et sœurs, et la tradition chrétienne t'a chantée comme mère de Dieu et mère des hommes. Je ne suis pas sûre d'être très à l'aise avec cette expression, pardonne-moi, Marie. Tu es pour moi davantage cette sœur aînée qui nous enseigne la vie des disciples. Il me semble que c'est un peu ce que suggère Luc.

> Or il advint, comme il parlait ainsi, qu'une femme éleva la voix du milieu de la foule et lui dit : « Heureuses

les entrailles qui t'ont porté et les seins que tu as sucés ! » Mais il dit : « Heureux plutôt ceux qui écoutent la parole de Dieu et l'observent ! » [Luc 11, 27-28].

Ou bien, il faudrait réfléchir à ce que c'est qu'être mère. Une mère, avant des mots, ce sont des bras et du lait. Mais ce n'est pas seulement porter un enfant et le nourrir. Être mère, c'est écouter l'enfant et lui parler. L'inscrire dans la conversation des hommes en lui apprenant à son tour à parler et à écouter. Comment ne pas s'émerveiller de ce que la prière des hommes est nourrie de la langue que leur mère – ou leurs proches quand la mère n'était pas là – leur a apprise. L'homme ou la femme qui prie rend en même temps hommage à ses propres parents qui lui ont donné les mots pour louer Dieu. Oui Marie, peut-être deviens-tu ma mère quand j'apprends de toi à parler à mon Dieu ? Peut-être même avant que de parler, as-tu appris de ton Dieu à écouter sa parole et le chant du monde. Peut-être as-tu découvert que Dieu, depuis toujours, écoute l'homme comme un père tend l'oreille pour être sûr que tout va bien pour son fils.

La solidité de Dieu, cette solidité qui a permis à des hommes de bâtir des merveilles comme le Mont Saint-Michel, c'est d'abord sa parole. Elle est depuis toujours une promesse : « Le Seigneur est avec toi. » « Tu as trouvé grâce auprès de Dieu. » Il faut parfois prendre le temps du silence pour l'entendre. Marie, en regardant ta vie, nous pouvons entendre que la parole rejoint chacun de nous, là où il est ; elle descend en nous jusqu'à toucher le fond de notre être. Elle nous agrandit du dedans, elle creuse en nous un espace intérieur où nous pouvons découvrir qu'il est possible de parler à Dieu. C'est cet espace intérieur que tu nous apprends à découvrir et à élargir. C'est dans cet espace intérieur que naît l'accueil de la transcendance de Dieu. C'est à partir de là que nous tirons des trésors de force, comme les hommes du VIIe siècle ont trouvé le désir d'élever un sanctuaire sur le roc du Mont. C'est en ce lieu secret que d'autres après eux, ont trouvé la volonté de continuer de bâtir jusqu'à monter à la force de leurs bras des blocs de pierre qui dessinent aujourd'hui la silhouette solide et rassurante que nous connaissons au milieu des eaux mouvantes. La transcendance de Dieu se rencontre dans l'intériorité de ceux qui se laissent toucher. Marie, tu sais, toi, que tous, nous sommes attendus par le Seigneur. Il peut en nous séparer les eaux d'en haut et les eaux d'en bas, et nous dégager de la vase où nous sommes enlisés. Il peut dans chacune de nos vies dessiner des paysages somptueux qui réconforteront nos proches. Oui, heureuse es-tu, non seulement d'avoir porté Jésus, heureuse es-tu d'avoir entendu, reçu, accueilli la parole du Père. Car c'est la solidité de cette parole qui t'a faite *Théotokos*, mère de Dieu.

Le 30 mars.

Chère Marie,

Ces dernières semaines, nous prenons conscience de notre extrême vulnérabilité sociale. Nous avons basculé dans l'inconnu. Autant que la vie de chacun, la vie commune peut basculer brutalement dans l'inconnu. Je crois que le danger qui guette Jésus a été perçu par les siens, et par toi, sans nul doute. Et puis vient le moment où ce danger prend chair, devient réel. Au fil de ce carême, nous approchons de ce grand moment unique dans l'histoire du temps et du monde, ton fils livré, torturé, mis à mort, avec la complicité et le silence de ses proches. Comment as-tu vécu ces jours où la tension monte autour de lui ? As-tu perçu le danger ? Je le crois. Comment as-tu pu garder le silence ? L'as-tu mis en garde secrètement, ou au contraire l'as-tu laissé faire, convaincu qu'il savait où il allait, et pourquoi ? Ultime déplacement que la vie t'a imposé : laisser partir ton fils. Partir, quitter, tu sais ce que c'est. Et maintenant, il faut laisser partir celui qui est plus cher que ta propre chair. Il me semble que la réponse de Jésus à la question de Pierre parle encore de toi.

Pierre dit alors : « Voici que nous, laissant nos biens, nous t'avons suivi ! » Jésus leur dit : « En vérité, je vous le dis : nul n'aura laissé maison, femme, frères, parents ou enfants, à cause du Royaume de Dieu, qui ne reçoive bien davantage en ce temps-ci, et dans le monde à venir la vie éternelle » [Luc 18, 28-30].

Qu'as-tu laissé quand tu es partie sur une parole vers une vie que tu n'aurais pas imaginée ? Et qu'as-tu reçu ? Au centuple, des fils et des filles, au centuple des soucis, au centuple, la joie, au centuple, les larmes. À vouloir une vie anesthésiée, nous avons parfois oublié que les grandes joies et les grandes peines peuvent mystérieusement cohabiter. Ta vie est tout sauf anesthésiée. Sans doute as-tu reçu chez toi les amis de ton fils, ses disciples, ceux qui marchaient à ses côtés. Sans doute connais-tu bien Pierre, Jacques et Jean. Peut-être as-tu apporté de la soupe à la belle-mère de Pierre quand elle était malade ? Tu étais amie avec les amies de Jésus. Marie de Magdala est certainement souvent venue s'asseoir dans ta maison pour te parler de Jésus et de ce qu'il avait vu en elle, de droiture et de bonté. J'aime à croire que vous vous êtes aidées, que vous vous êtes parlé. Lui as-tu dit que tu avais un peu connu ce que peut être l'humiliation, ou l'a-t-elle simplement deviné, comme on devine sans se le dire la blessure secrète de l'autre, quand il sait se taire au moment opportun et écouter avec l'intensité de ceux qui comprennent l'impensable ? Combien ta joie a dû être grande de voir le visage d'hommes et de femmes relevés par la rencontre avec Jésus. Comme tu as dû aimer les recevoir chez toi, les écouter et remercier ton Dieu de cette merveille, « c'est donc bien vrai que le Seigneur a jeté les yeux sur l'humiliation de ses serviteurs, oui, sa miséricorde va de génération en génération, oui, la force de son bras, doucement comble de bien les affamés, oui les humbles sont relevés ! » Je t'entends murmurer le chant de ta jeunesse, magnifier ton Dieu. Sans doute avais-tu appris le *Magnificat* à Jésus enfant. Et voilà que tu constates que cette prière est celle de tous les pauvres qu'il rencontre, quelle que soit leur pauvreté, affective, financière, spirituelle. Tu vois de tes yeux s'ouvrir l'espace intérieur de ceux qui ont croisé ton fils. Le père Lataste écrivit que le visage des femmes de la prison de Cadillac s'était ouvert après leur avoir prêcher la miséricorde de Dieu. Quelque chose « comme les fleurs qui s'ouvrent après l'orage ». Les visages qui s'ouvrent, tu les vois de tes yeux. Mais tu vois aussi ceux qui se ferment et tu comprends que cela ne plaît pas à tous, car certains nantis n'aiment pas voir les pauvres heureux. Et dans ton cœur, tu supplies le Père qu'il ne soit fait aucun mal à ton fils. Peut-être même que ta prière ressemble de plus en plus à celle de ton fils : « Non pas ma volonté, mais la tienne ».

Beaucoup parmi nous en sommes là aujourd'hui, à supplier le Père qu'il ne soit fait aucun mal à ceux qu'ils aiment. Il ne faut pas aller bien loin pour le découvrir. Parmi les sœurs de ma communauté, par exemple, celles qui sont burkinabé tremblent pour leur pays, leurs proches et les amis qu'elles ont dans le nord du pays. À la prison, des femmes vénézuéliennes ignorent tout de leur famille, déplacée. Demain, ce seront d'autres conflits, d'autres pays, d'autres haines… mais le mystère demeure. Il y aurait un immense contresens à imaginer que la volonté de Dieu cohabite et s'arrange de ces drames.

Le 30 mars

« Non pas ma volonté mais la tienne ». J'ai envie de traduire : « Je renonce à ma volonté, qui pourrait être mâtinée de ressentiment, de colère ou de peur et je te laisse toute la place, car en toi, Père, il n'y a que désir de vie et nulle volonté de vengeance. » Je crois que c'est cela ta prière, Marie, à l'école de ton fils. Aide-moi à y entrer et à y demeurer.

Jeudi saint 9 avril matin.

Marie,

Voilà, nous y sommes. Voilà la grande semaine où, pas à pas, nous apprenons chaque fois à nouveau à marcher dans les pas de Jésus qui marche vers sa passion, pour nous. Cette année, je suis marquée par certains de mes proches qui ont renoncé à célébrer ces moments. Fatigue, lassitude, dégoût, colère. La situation de notre Église a quelque chose à voir avec le mystère pascal. Les hommes et les femmes blessées dans leur chair et souvent persévérant dans la foi (ce que j'admire infiniment) sont pour nous aujourd'hui le visage de Jésus qui porte sa croix en saignant, alors que toute sa vie a été offerte pour que nous vivions.

Mystère infini, jamais réductible à quelque interprétation que ce soit. Tu es là, je ne sais pas comment, ni où. Cette fois, tu es venue à Jérusalem pour la Pâque. Tu n'es plus si jeune et ne marches plus aussi facilement qu'avant. À quelques années près, tu dois presque avoir l'âge qui est le mien désormais. Certes, aujourd'hui, nous avons la cinquantaine fringante, mais quelques raideurs ne trompent pas. Tu es là car quelque chose en toi *sait* mystérieusement qu'il faut qu'il en soit ainsi. Peut-être te souviens-tu des discussions des Juifs qui depuis longtemps murmurent contre ton Fils ?

Jeudi saint 9 avril matin

Les Juifs alors se mirent à murmurer à son sujet, parce qu'il avait dit : « Je suis le pain descendu du ciel. » Ils disaient : « Celui-là n'est-il pas Jésus, le fils de Joseph, dont nous connaissons le père et la mère ? Comment peut-il dire maintenant : Je suis descendu du ciel ? » Jésus leur répondit : « Ne murmurez pas entre vous. Nul ne peut venir à moi si le Père qui m'a envoyé ne l'attire ; et moi, je le ressusciterai au dernier jour. Il est écrit dans les prophètes : Ils seront tous enseignés par Dieu. Quiconque s'est mis à l'écoute du Père et à son école vient à moi. Non que personne ait vu le Père, sinon celui qui vient d'auprès de Dieu : celui-là a vu le Père » [Jean 6, 41-46].

Mais sans doute aussi te souviens-tu de sa réponse : « Nul ne peut venir à moi si le Père qui m'a envoyé ne l'attire ; et moi, je le ressusciterai au dernier jour. » Qui peut comprendre cela ? Je ne suis pas sûre que nous comprenions mieux aujourd'hui la résurrection que les contemporains de Jésus. Peut-être toi, comprends-tu mieux, car qui plus que toi s'est mise à l'écoute du Père et s'est faite disciple de Jésus ? Tu as su, je crois, lire dans le visage de ton Fils la trace du Père inconnu et plus proche que nous n'oserions le croire. Tu as su te laisser enseigner par Lui. Je suis sûre que tu te souviens des mots précis de Jésus : « Celui-là a vu le Père » et non « verra le Père ». Oui, Marie, je crois que tu as vu le Père, mystérieusement. Je ne sais pas ce que cela veut dire, sinon que ta détermination à être présente, envers et contre tout y compris dans la douleur prend sa source là, dans cette relation entre Jésus et son Père, dans laquelle une place t'a été faite. Les hommes qui imaginent connaître ton Fils parce qu'ils croient vous connaître toi et Joseph sont à des années-lumière de ce qui se révèle ici en creux. Mais nous qui sommes là, à chercher dans la nuit, à tâtons, comment marcher autant que possible avec ton fils, il me semble que nous sommes moins loin qu'eux. Quand nous tâtonnons, quand nous doutons, quand nous crions dans la nuit, quand nous sommes du petit peuple qui accompagne Jésus dans l'effroi, oui, il se fait proche de nous.

En tout cas, je crois que tu nous tiens la main pour accompagner la passion de Jésus. Main tremblante et sûre pourtant. Et dans ce cortège, toutes celles et ceux qui nous ont précédés sont là, rassemblés autour du Fils unique du Père qui ouvre la marche et s'en va détruire en sa chair le mur de la haine. Je ne sais pas si nous pouvons prier pour toi, Marie, mais peut-être la prière traverse-t-elle le temps ? Je voudrais Marie, prier pour toi en ces heures noires qui s'annoncent, mais c'est peut-être présomptueux. Prier avec toi simplement et de nouveau rester dans ce silence. Ne pas le fuir. Accepter de ne rien comprendre au glaive qui te transperce, simplement, ne pas te laisser en cette heure. Être là avec toutes celles qui assistent impuissantes à la souffrance de leur enfant. Trembler d'angoisse avec toi, avec ce monde qui chancelle. Prie pour nous Marie, prie avec nous et pour nous.

Jeudi 9 avril nuit.

Marie,

Nous sommes entrés dans la grande veille, dans la grande nuit de trois jours après la Cène. Dans la tradition de l'ordre dominicain, nous lisons dans la nuit du jeudi au vendredi saint les chapitres 13 à 17 de l'évangile selon Jean. Tout y est condensé comme en un joyau de ce que nous laisse Jésus afin que nous puissions vivre au moment où il perd sa vie. Il me semble qu'à nouveau il pense à toi lorsqu'il dit ceci à la fin de ce long discours, au chapitre 16 :

> « En vérité, en vérité, je vous le dis, vous pleurerez et vous vous lamenterez, et le monde se réjouira ; vous serez tristes, mais votre tristesse se changera en joie. La femme, sur le point d'accoucher, s'attriste parce que son heure est venue ; mais lorsqu'elle a donné le jour à l'enfant, elle ne se souvient plus des douleurs, dans la joie qu'un homme soit venu au monde.
>
> Vous aussi, maintenant vous voilà tristes ; mais je vous verrai de nouveau et votre cœur sera dans la joie, et votre joie, nul ne vous l'enlèvera. Ce jour-là, vous ne me poserez aucune question. En vérité, en vérité, je vous le dis, ce que vous demanderez au Père, il vous le donnera en mon nom. Jusqu'à présent vous n'avez rien demandé en mon nom ; demandez et vous recevrez, pour que votre joie soit complète » [Jean 16, 20-24].

La joie et la douleur de l'enfantement, voilà ce qu'il a appris de toi. Tu as bien dû lui raconter les circonstances de sa naissance à Bethléem. La femme sur le point d'accoucher qui s'attriste car elle a peur de mettre au monde son enfant, surtout si c'est dans un endroit inconnu, loin des siens, cette femme inquiète qui doit partir sur les routes, inquiète pour son bébé, ce fils promis par l'ange de Dieu lui-même (et si l'accouchement se passait mal ? et s'il allait mal ?) tu as su la lui décrire, puisque c'est elle qu'il choisit comme exemple pour réconforter les siens. Peut-être es-tu là pour entendre et acquiescer d'un sourire ? Tous sont tristes, et lui parle de joie. Quel mystère !

Comment survivre à la passion ? Comment survivre au sol qui se dérobe ? Et pourquoi certains n'y survivent pas ? Cette énigme aura habité ma vie. Pourquoi je crois et mon voisin non ? Pourquoi l'un trouve la force au cœur du malheur et l'autre non ? Pourquoi les vies de certains sont-elles de tels cauchemars ? Il n'y a pas de réponse. Mais Jésus nous invite, et peut-être toi la première Marie, à demander, à questionner, à parler avec le Père, sans nous lasser. Il nous invite à tout lui dire, à l'interroger sur ce que nous ne comprenons pas et n'acceptons pas. Demander. Encore et encore demander. Qu'as-tu demandé Marie ? Le courage ? La grâce d'être là quand ton fils mourrait ? La foi ? Cela t'appartient. Et moi, que puis-je demander pour mes proches, pour moi, pour ce monde ? Que dois-je demander ?

Jeudi 9 avril nuit

Les disciples n'ont semble-t-il pas entendu de suite la puissance de cette promesse et se sont endormis dans la nuit. Je sais bien que je suis l'une d'eux et que je dors souvent quand il faudrait veiller. J'aime à croire pourtant que toi, dans cette nuit si longue, tu ne dormais pas complètement. Peut-être Marie de Magdala t'avait-elle rejointe afin qu'ensemble vous vous teniez plus chaud ? Peut-être étiez-vous là, femmes fidèles et droites, debout dans la nuit pour prier au nom de tous ceux qui dorment. Étiez-vous là, cachées, petite flamme espérance dans la grande nuit du monde ? Que demandez-vous au Père en cette heure ? Peut-être le remerciez-vous de n'être pas seules et de vous être trouvées, sœurs inconnues qui se sont reconnues ?

Avoir une sœur, fiable. Avoir rencontré quelque part en ce monde des visages qui sont sûrs, avoir découvert des personnes croyantes qui ont résisté à l'adversité, qui sont demeurées fidèles et libres, n'est-ce pas un trésor ? Marie, je te remercie d'avoir ce visage-là, celui des personnes fiables, persévérantes, qui ne se sont pas dérobées. À t'imaginer dans la nuit, je crois que Marie de Magdala en vient à te ressembler, fiable elle aussi, solide et combien persévérante. Priez pour moi, mes sœurs, et toutes deux, aidez-moi à demander au Père ce qui me permettra de tenir dans les nuits qui viendront.

Vendredi 10 avril.

Or près de la croix de Jésus se tenaient sa mère et la sœur de sa mère, Marie, femme de Clopas, et Marie de Magdala. Jésus donc voyant sa mère et, se tenant près d'elle, le disciple qu'il aimait, dit à sa mère : « Femme, voici ton fils. » Puis il dit au disciple : « Voici ta mère. » Dès cette heure-là, le disciple l'accueillit chez lui. Après quoi, sachant que désormais tout était achevé pour que l'Écriture fût parfaitement accomplie, Jésus dit : « J'ai soif » [Jean 19, 25-28].

Marie, si chère Marie,

Mater dolorosa, voilà qui tu es pour tant et tant. Mère douloureuse qui comprend la douleur de ceux qui n'en peuvent plus. Debout près de la croix. Debout comme tu le fus ta vie durant, et près de la croix où ton fils meurt. Le Père a tout remis entre les mains du Fils, et le Fils a tout remis entre nos mains. Son amour, sa vie, son souffle. La nature de Dieu, c'est de se donner, de tout déposer entre les mains de ceux qu'il aime. Lorsque tu as reçu entre tes bras le nouveau-né que Dieu t'avait donné, tu as pressenti cela. Et lorsque maintenant tu reçois entre tes bras le corps mort de ton Fils crucifié, tu demeures au cœur de ce mystère, toute ramassée dans le silence. Nous qui sommes là, en deuil d'un être aimé, pouvons entrer dans ton silence.

Vendredi 10 avril

Tu sais, je pense à Lourdes, à tous ces hommes et ces femmes qui viennent marcher et te parler de leur vie, de leurs malheurs ou de leurs joies. À voir les gens, au pèlerinage du Rosaire, égrainer leurs chapelets, en murmurant ou en marchant, à les voir à la grotte dans le silence ou dans les larmes, il m'apparaît que ce n'est pas par hasard que l'on vient pleurer auprès de toi, à Lourdes, à Pontmain ou ailleurs. Il me semble que l'on n'est jamais totalement seul lorsqu'on pleure, car même dans la solitude on pleure toujours en *pensant à quelqu'un*, comme si l'on était près de lui. Qui ne l'a pas un jour éprouvé ? On serre les dents devant l'épreuve, on tient comme on peut, et voilà que l'ami de confiance vient, quelque chose se relâche et l'on pleure un moment avec lui. Ces larmes-là sont un cadeau, une forme de consolation. On n'est plus seul ; elles nous reposent et nous permettent de reprendre un brin de courage.

Il me semble que quelque chose d'identique advient avec toi. Ce n'est pas seulement devant toi, mais avec toi, Marie, au pied de la croix que nous pleurons ; et c'est avec toi que nous nous abandonnons à la miséricorde du Seigneur, et c'est avec toi que nous prions, grain après grain, mot après mot. Il arrive que les larmes coulent même à notre insu, comme un goutte-à-goutte qui vient irriguer notre prière, la fortifier, la purifier.

Si l'on ne te voit pas pleurer dans les Évangiles, tu as connu toutes les émotions humaines qui courent de la grande joie au grand malheur. Tu as connu l'annonce du glaive qui te transpercera le cœur, l'inquiétude parentale quand le fiston disparaîtra au temple, et l'incompréhension. Tu as aimé les fêtes, et voulais qu'elles soient réussies, comme à Cana. Dans tous ces événements, *tu es là*. Tu étais là quand l'ange est venu te trouver. Et tu es là à l'heure de la mort. Ce qui te caractérise Marie, c'est peut-être plus que tout la qualité de ta présence. Cette qualité de présence, tu la tiens de ton Fils Jésus, qui *est* la présence de Dieu parmi nous, y compris maintenant, à l'heure du calvaire, où au milieu de la douleur il pense à te confier à son ami bien-aimé, pour qu'il te prenne chez lui. La même expression que lorsque Joseph a entendu l'ange en songe : « Ne crains pas de prendre chez toi Marie. » Cette expression qui m'a fait t'écrire et te prendre avec moi, chez moi, durant ces semaines et j'espère pour longtemps. Ce disciple bien aimé qui n'a pas de nom, puissions-nous l'être un peu, chacun de nous. Être là, en cette heure, afin que tu ne sois pas seule, afin que les endeuillés ne soient pas seuls. Demeurer dans le silence avec toi.

J'aime à lire que près de toi se tient Marie, celle que l'on dit « de Magdala » pour lui rappeler son passé, mais que Jésus a toujours appelée par son nom, « Marie ». J'aime qu'elle soit là, tournée vers lui, purifiée de tout ce qui a pu l'anéantir par la seule présence de ton Fils qui fait recouvrer l'innocence à ceux qui se tournent vers lui. Toutes les deux, avec vos vies si différentes, rassemblées là, et tournées vers lui, vous signifiez par votre présence qu'il rassemble en sa vie les vies disparates, qu'il est la source de tout lien, qu'il a détruit le mur de la haine qui sépare les uns des autres, les femmes des hommes, les esclaves des hommes libres, les saints des pécheurs, les coupables des innocents, et les bourreaux des victimes. Avec le disciple bien-aimé, c'est toute l'humanité qui veut bien reconnaître Jésus qui se tient là. Sans oublier les autres crucifiés, de part et d'autre, qui se moquent ou le supplient. J'aimerais être là aussi, Marie, à l'ombre dans un coin, être là pour supplier le Père que tout cela ne soit pas vain.

Là, debout, effondrée et droite pourtant, je vois à travers toi tout Israël rassemblé et au-delà les femmes debout qui t'ont précédée. *Stabat mater*. Tu es là au nom de Rachel « qui pleure ses enfants », mais aussi au nom de Riçpa, la concubine inconnue de Saül, qui demeure debout contre le vent afin que les cadavres suppliciés de ses fils ne soient pas livrés aux charognards (2 Samuel 21, 10-14), et de toutes les femmes inconnues qui veillent silencieusement sur les leurs. Et là, debout, tu te souviens des larmes de ton fils qui expriment peut-être mieux que tout le mouvement de son abaissement. Comme nous, Jésus a pleuré à la mort de son ami Lazare, touché par les larmes de ses sœurs à tel point que les Juifs se disaient : « Voyez comme il l'aimait ! » (Jean 11, 33-36). Larmes tristes et douces de l'amour meurtri par la mort. Larmes des endeuillés, toutes tissées de solitude, de nostalgie, de souvenirs, où l'immense gratitude d'avoir connu ceux que l'on a aimés se mêle à l'immense déception de les avoir perdus. Les larmes que Jésus versa lors de la mort de son ami Lazare sont versées par lui à chaque vie qui s'éteint. Il a pleuré chaque homme, chaque femme, chaque enfant qui meurt. Il pleure quand bien même personne ne pleure. Il pleure ceux que l'on oublie. Il pleure les morts qui ne comptent pas. Il pleure la mort du juste et la mort du méchant. Tu te souviens, Marie. Les larmes de ton fils sont comme des fleuves d'eau vive. Comme les fleuves de la création qui redonnent la vie là où elle avait disparu. Et Lazare, guéri de la mort, se relève. Tu te souviens et tu crois que les larmes du Messie peuvent abriter toutes les larmes des hommes. En lui, toutes les larmes seront comptées, une par une, comme les cheveux de chaque tête, et pesées, l'une après l'autre.

En berçant le corps de ton fils mort, tu te souviens surtout de ces larmes qui ont traversé la nuit et de ce grand cri qu'il poussa à l'heure de sa mort (Hébreux 5, 7-8). Si Jésus est bien le Fils de Dieu, c'est Dieu qui pleure et supplie Dieu. Ses larmes prennent alors une tout autre dimension. Elles enveloppent toutes les supplications de tous les temps. Elles les portent jusqu'à la fin du temps, jusqu'à ce que vienne ce jour nouveau où, promet l'Apocalypse, Dieu aura sa demeure définitivement avec les hommes. Alors, il essuiera toute larme de nos yeux : « De mort, il n'y en aura plus, de pleur, de cri et de peine, il n'y en aura plus, car l'ancien monde s'en est allé » (Apocalypse 21, 4).

Tu te souviens, Marie. Parce que le Fils de Dieu a pleuré des larmes d'angoisse, de désolation, et de douleur, chaque homme peut croire que chacune de ses larmes est désormais recueillie comme une perle fine par le Fils de Dieu. Chaque larme d'un fils d'homme est larme du Fils de Dieu. Avec toi Marie, nous pouvons croire que depuis les larmes du Christ, plus aucune larme n'est perdue.

En contemplant dans la douleur ton fils assassiné, là, déposé entre tes bras, tu regardes, Marie, la mort en face. Et tu comprends que le corps qui est là, sur ton sein, est plus que le corps d'un homme. C'est le corps de l'humanité, entière, qui est remise entre tes bras. C'est le corps de tous les hommes, qui tous, vont mourir, que tu portes, toi la femme droite et debout, la jeune mère de Dieu. C'est le corps de chacun de nous que tu portes en ton sein, à cette heure de la mort où nous ne sommes plus là et pourtant pas encore rendus à la terre. « Sainte Marie, Mère de Dieu, prie pour nous, pauvres pêcheurs, maintenant et à l'heure de notre mort. »

Le Père a tout remis entre les mains du Fils. Puis le Fils a remis son ami bien aimé à l'amour de sa mère et sa mère à son ami bien aimé. Et tu comprends, Marie, qu'en te donnant au disciple pour mère, c'est l'humanité que Jésus t'a donnée, c'est l'humanité qui a été déposée entre tes bras. Oui, une mère, ce ne sont pas que des mots, mais des bras. Chère Marie, à l'heure de la mort, nous sommes en sûreté, déposés là, entre tes bras.

Marie, tu te souviens, et dans la douleur, vaillamment, tu reçois dans la foi la déposition de ton Dieu et tu t'offres avec ton Fils au mystère de cet amour inouï. Oui, Marie, avec le disciple bien-aimé, je veux bien te prendre chez moi. Tu es ici chez toi. Sois la bienvenue à la maison.

Dimanche 12 avril.

Chère Marie,

En me réveillant, je hume le parfum d'un petit matin frais comme les autres. Et pourtant, c'est le premier jour du monde nouveau. Ce qui me marque ce matin, c'est la couleur du ciel d'avril, et la musicalité de ce lever de jour, bercé par le chant des oiseaux de Paris. Chaque fête de Pâques nous emmène dans ce premier jardin du monde. Ce n'est pas toi qui m'y accompagnes. Car tu n'es pas là. Celle qui est là, c'est Marie, ton homonyme de Magdala, ton amie – j'en suis sûre – ta sœur de nuit désormais aussi lumineuse que toi.

Chère Marie, j'aime que tu ne sois pas là. Car Jésus sait bien à qui il faut urgemment se montrer : à ceux qui ont fait plus de chemin pour le trouver. Alors, le jardinier qu'il n'a cessé d'être, appelle Marie de Magdala par son nom, « Myriam ». Ses yeux, guéris de tout attrait pour ce qui brille, ne le reconnaissent pas. C'est au ton de sa voix, teintée d'accent de Galilée, cette inflexion des fins de phrases qui n'appartient qu'à lui, qu'elle le reconnaît.

Toi, Marie, où es-tu à ce moment-là ? Je t'imagine, bouleversée, tu essayes de te lever après une nuit impossible, maculée de trous blancs, mais tu es si fatiguée, dans la maison du disciple sans nom, le bien aimé, que l'on a voulu appeler Jean. Lui n'est pas là, il s'est déjà levé et tu profites de ce silence. Quelque chose en toi pourtant est serein, bizarrement calme, comme la certitude que l'amour ne meurt pas avec la mort. Tu n'as pas besoin de voir ton fils, car en toi demeure tout ce qu'il t'a donné, tout ce qu'il a construit, cette forteresse qu'est ta vie, ouverte à tous, solide abri. Alors, une fois debout, tu prépares le petit-déjeuner pour les garçons, comme tu les appelles, les amis de ton fils qui ne vont pas tarder de rentrer.

Vont-ils te dire que le corps a disparu ? Vont-ils te raconter qu'ils ont croisé des anges ? Qu'ont-ils compris de cette absence et de ce vide au milieu du tombeau ? Qui peut seulement y comprendre quoi que ce soit ? Je ne sais ce que tu comprends toi-même, mais ta longue expérience des surprises que ton fils t'a données t'enracine dans l'attente d'un événement que tu ne sais ni concevoir ni espérer. Je suis sûre que Marie de Magdala viendra te voir à son tour une fois que les hommes seront ressortis, car elle les a déjà harangués de sa joie, mais ils n'ont pas vraiment fait attention. Tu verras dans ses yeux quelque chose que tu n'y as jamais vu, un feu consumant et léger à la fois, un éclat qui rejoint la certitude calme de tes entrailles. Alors tu la serreras dans tes bras. Et tu pleureras, enfin, tu pleureras, sans comprendre ces larmes qui s'échappent comme un fleuve de vie.

Avec toi, Marie, je suis là, bientôt avec vous deux, car je l'attends dans ce matin si frais, oui, je me glisse dans ta maison pour la guetter, j'ai besoin d'être avec vous deux, gardée par votre foi et votre affection. Je veux me glisser là dans le blanc du texte, comme on se glisserait au jardin de l'Éden. Et respirer dans l'air frais qui attend. Il est des heures où il vaut mieux se taire pour ne pas abîmer le vent léger qui passe, un subtil battement d'ailes, une voix de fin silence.

Jeudi 21 mai.

Ma sœur, Marie,

Les apôtres ont-ils fini par s'habituer aux irruptions du ressuscité dans leur existence ? C'est quand même bizarre ce mode de présence qui fait fi des lois de la matière et du temps. Je ne sais pas très bien, tu sais, ce que cela peut vouloir dire dans ma vie. Autant j'aime accompagner Jésus dans le temps du carême, car j'ai le sentiment qu'il me prend par la main et unifie en moi tout ce qui est dispersé, autant le temps pascal m'est toujours difficile, tant je mesure l'écart entre ce que nous célébrons – la victoire sur la mort – et la réalité de la vie des hommes de ce temps.

Es-tu là quand Jésus vient ? Ni les évangiles ni les Actes des apôtres ne mentionnent ta présence, pourtant, il semble que tu es avec le petit groupe constitué autour des apôtres à Jérusalem. Je ne crois pas que Jésus se manifeste aux siens comme il le fait avec toi. Je ne crois pas que tu aies besoin de le voir ou de le toucher. Je crois que c'est dans ton cœur, dans le fond de ton être, que tu écoutes sa présence avec une certitude qui n'est donnée aux autres que comme un horizon. Il faut dire que tu vis depuis si longtemps à l'ombre de l'Esprit. Eux vont apprendre à en faire autant, c'est pourquoi Jésus leur a demandé de la patience, tout en restant à Jérusalem.

Alors, au cours d'un repas qu'il partageait avec eux, il leur enjoignit de ne pas s'éloigner de Jérusalem, mais d'y attendre ce que le Père avait promis, « ce que, dit-il, vous avez entendu de ma bouche : Jean, lui, a baptisé avec de l'eau, mais vous, c'est dans l'Esprit Saint que vous serez baptisés sous peu de jours » [Actes 1, 4-5].

Il faut du temps pour accepter de voir sa vie bouleversée de fond en comble. Ces longs jours qui séparent Pâques de l'Ascension dans notre liturgie évoquent pour moi le temps qu'il faut pour entendre l'heureuse nouvelle de la résurrection, et le temps qu'il faut pour être prêt à recevoir l'Esprit de Dieu. Pour toi, il a fallu une nuit… et la visite d'un ange. Pour d'autres, il faudra quelques semaines ou quelques années. Pour moi, j'ai l'impression qu'il faut une vie.

Je crois que quand il vient ainsi, à travers les portes fermées, Jésus ressuscité ne se manifeste pas tout à fait de la même façon à chacun. Il vient rejoindre tous les confinés du monde. Il se manifeste à proportion de notre éloignement. Il vient explicitement pour ceux qui sont un peu loin, il revient pour les absents comme Thomas, et s'offre au toucher de celui qui a besoin de voir pour croire. Tu n'es pas de ceux-là, Marie. Toi, tu es là. Là où tu es, je te l'ai déjà écrit, Dieu est. Aussi, tu peux préparer des poivrons farcis pour tout le groupe pendant que les apôtres discutent avec le maître de ce qu'ils ne comprennent décidément pas.

Étant donc réunis, ils l'interrogeaient ainsi : « Seigneur, est-ce maintenant le temps où tu vas restaurer la royauté en Israël ? » Il leur répondit : « Il ne vous appartient pas de connaître les temps et moments que le Père a fixés de sa seule autorité. Mais vous allez recevoir une force, celle de l'Esprit Saint qui descendra sur vous. Vous serez alors mes témoins à Jérusalem, dans toute la Judée et la Samarie, et jusqu'aux extrémités de la terre » [Actes 1, 6-8].

Oui, tu les laisses parler politique, ou peut-être tu viens faire une remarque de sagesse quand ils s'enflamment trop. Peut-être te demandes-tu ce que ça va donner, Pierre avec l'Esprit Saint, déjà que Pierre tout seul…, parfois il faut en douce lui retenir le manteau pour qu'il ne s'emballe pas trop. Et puis vient ce moment, où pour de vrai, Jésus s'efface. Les disciples sont au Mont des Oliviers. Par ses apparitions, Jésus les a conduits et déposés là où ils s'étaient endormis tandis que lui veillait. C'est lui, le ressuscité et lui seul, qui assure la continuité de l'histoire. Dans notre histoire à nous, au milieu de toutes nos existences, il y a ce trou : nous nous sommes endormis quand il fallait veiller. Mais parce qu'il ne veut pas que les siens en restent là, il les remet en route, doucement. « Sous leurs regards, il s'éleva, et une nuée le déroba à leurs yeux » (Actes 1, 9).

C'est terrible ce départ, sous la plume de l'auteur des Actes des apôtres. On devine les apôtres un peu hébétés, et tellement seuls. Le départ de Jésus est la condition pour qu'ils se remettent en marche. Il est le remède à toute forme de fascination. La présence du Christ ne sera jamais celle d'un chef, d'un meneur charismatique, d'un gourou ou d'une idole. C'est parce qu'ils vont apprendre à tourner leur regard ailleurs que vers le ciel, mais bien vers ce monde, qu'ils vont découvrir comment le Christ demeure présent parmi eux.

> Et comme ils étaient là, les yeux fixés au ciel pendant qu'il s'en allait, voici que deux hommes vêtus de blanc se trouvèrent à leurs côtés ; ils leur dirent : « Hommes de Galilée, pourquoi restez-vous ainsi à regarder le ciel ? Celui qui vous a été enlevé, ce même Jésus, viendra comme cela, de la même manière dont vous l'avez vu s'en aller vers le ciel. » Alors, du mont des Oliviers, ils s'en retournèrent à Jérusalem ; la distance n'est pas grande : celle d'un chemin de sabbat [Actes 1, 10-12].

Marie, tu n'es pas là non plus lors de l'ascension de ton fils. Tu as déjà vécu cette ascension quand tu l'as vu cloué en hauteur sur la croix. Et tu n'es pas restée à regarder le ciel une fois que le grand corps de ton enfant fut descendu du bois et déposé entre tes bras. Tu as conservé vaille que vaille, toutes ces choses en ton cœur. Et doucement, tu as vu s'éveiller dans le regard des amis de Jésus quelque chose comme une ressemblance avec ton fils. Tu as lu dans les yeux de Jean une sollicitude plus grande encore que celle que tu lui connaissais. Tu as senti dans les questions de Thomas une forme d'exigence qui ressemblait tellement à celle de Jésus. Et puis, il y avait l'éclat du regard de Marie de Magdala, cette joie si profonde au fond de ces yeux et le courage qu'elle donnait aux autres, sans se lasser.

Jeudi 21 mai

Chère Marie, nous vivons souvent à l'heure étrange en laquelle je te laisse ce soir entre l'ascension et la Pentecôte. Le Christ semble s'être effacé et pourtant sa présence discrète, qui brille dans la vie de nos proches, nous offre des éclats de joie. Il nous arrive comme les disciples, d'être enfermés à double tour dans notre solitude, par peur du dérangement, sans doute, et, en même temps, quelque chose de mystérieux, comme du levain, soulève nos vies si nous y prenons garde.

Tu sais le nom de ce levain, Marie, toi qui fus obombrée d'Esprit. Prie pour nous, afin que nous sachions le recevoir.

Le 31 mai.

Chère Marie,

Cette fois tu es là, quand le grand vent se lève. Tu es là, avec ceux qui se rassemblent au nom de Jésus, tu es là et tu pries avec eux. L'ascension de ton Seigneur et fils a eu lieu ; en s'élevant au sein d'une nuée, il s'est effacé de devant nos yeux. Il a fallu encore un peu de temps pour se faire à cette idée. Tu es patiente, et ta présence auprès des disciples a sans doute atténué leurs doutes et leurs craintes. Et tu es là ce matin, avec eux, dans la chambre haute. Tu sais, depuis toutes ces semaines durant lesquelles tu m'as accompagnée, je voudrais bien être là avec toi ce matin encore. Je voudrais bien comprendre ce que c'est qu'acquiescer à l'Esprit.

> Tous, d'un même cœur, étaient assidus à la prière avec quelques femmes, dont Marie mère de Jésus, et avec ses frères [Actes 1, 14].

Avez-vous peur ? Ou êtes-vous en train de vous laisser transformer par celui qui vous a laissés ? Es-tu de celles qui réconfortent les apôtres, ou bien te tiens-tu en silence, gardant dans ton cœur tout ce qui est arrivé toutes ces années ? Êtes-vous en train de comprendre ce que plus tard Paul formulera dans ces lettres et qui te concerne toi, Marie, la première et nous après toi ? Oui, le Père nous a « élus en lui, dès avant la fondation du monde, pour être saints et immaculés en sa présence, dans l'amour », « déterminant d'avance que nous serions pour Lui des fils adoptifs par Jésus Christ » (Éphésiens 1, 4-5).

Je suis émerveillée de ce que la foi naissante, dans ce petit groupe d'hommes et de femmes ordinaires, soit arrivée jusqu'à nous. Un de mes proches me disait récemment que la preuve de la résurrection n'était pas à chercher dans le tombeau vide, mais dans la transformation des disciples. Si c'est le cas, et je crois qu'il a raison, c'est bien notre propre transformation qui pourra donner à voir et à croire qu'il y a au-delà de tout échec, de tout malheur et de toute mort, la victoire du Ressuscité qui n'a pas eu lieu seulement un jour du temps passé, mais bien maintenant, si nous le laissons faire.

Tu achèves ta vie publique, Marie, à l'ombre de l'Esprit qui va être répandu en abondance sur les apôtres. Tu l'avais commencée discrètement à l'ombre d'un ange qui venait t'annoncer que l'ombre de Dieu serait ton abri ta vie durant. Et voilà que des années plus tard, tu comprends combien ta vie et l'histoire sainte ont été mêlées, tu comprends que ta vie est l'histoire sainte, et par toi, avec toi, nous comprenons à notre tour que chacune de nos vies est une histoire sainte qui appartient à la grande histoire sainte des hommes et de Dieu.

Tu peux t'en aller en paix, Marie, comme Syméon le vieil homme de ta jeunesse, car tes yeux « ont vu le salut que le Seigneur avait préparé à la face des peuples, lumière qui se révèle aux nations et donne gloire à ton peuple Israël ». Tes yeux et ton ventre, tes mains et tout ton être ont vu le Salut de Dieu. En te confiant le disciple bien-aimé que nous sommes tous, et en l'invitant à te prendre chez lui, Jésus ton fils a permis que tu viennes chez nous, et tu es là, dans nos chambres hautes, à prier avec nous. Tu es là, y compris lorsque nous sommes enfermés, craintifs, ou désarmés devant l'ampleur de la tâche. Tu es là, quand ton Fils n'est plus devant nos yeux. Je comprends combien des hommes et des femmes de ce temps préfèrent s'adresser à toi ; ta présence bienveillante leur semble plus accessible que celle du Maître. Et moi-même, qui t'écris comme une enfant, n'est-ce pas aussi grâce à ta simplicité ?

Les chrétiens t'ont bâti des sanctuaires. Des hommes et des femmes ont fait des expériences extrêmement fortes de ta présence. Beaucoup t'ont priée avec les mots de la prière des pauvres, égrenant leur chapelet de « Je vous salue Marie », comme je le fais la nuit quand parfois je ne dors pas. Beaucoup t'ont priée en méditant avec toi les mystères de la vie de ton fils dans la prière du Rosaire, ces mystères qui ressemblent tant à nos vies, joyeux, lumineux, douloureux, glorieux. Bernadette à Lourdes a vu une belle dame qui lui a donné son nom, un nom qu'elle n'aurait pu inventer : « Je suis l'immaculée conception. » Je ne sais dire avec mes mots de quel type d'expérience cela relève, et je suis trop rationnelle pour vouloir m'y risquer. Je sais juste qu'à Lourdes, tu es là, car des hommes et des femmes t'y rencontrent. À Rocamadour, magnifiquement, tu es là, dans la marque des pas de tous ces croyants qui sont venus te prier. À Pontmain, d'une autre manière, plus discrète, dans le bleu profond du sanctuaire voué à l'espérance, tu es là aussi. Chaque sanctuaire à toi dédié donne sa propre note dans le concert de la foi. Et certains d'entre nous feront des kilomètres pour rejoindre tel sanctuaire qui correspond à leur attente ou à leur question, y compris s'ils ont un autre sanctuaire tout près de chez eux. Un de mes amis m'a ainsi raconté l'histoire d'une dame du sud de la France, près de Lourdes, venue sur la journée à Pontmain car elle avait vu à la télévision une inscription « Notre Dame de l'Espérance » et que c'était cela qu'elle cherchait, une présence qui ouvre une espérance. Depuis le Cénacle et la chambre haute, là où des hommes et des femmes prient ensemble, ta prière rejoint la leur. Dans la gloire de Dieu où tu es désormais, abritant celles et ceux qui ont trouvé refuge dans ton manteau comme l'ont dessiné de si belles représentations, je crois que tu rejoins ceux qui comme toi, ont cherché Dieu leur vie durant, et ceux qui ont tenté de vivre, habités par sa présence. « Tout ce qu'il vous dira, faites-le », ne cesses-tu de nous dire, orientant nos regards vers lui, car tu n'es là que pour le désigner et tu nous aides patiemment à nous effacer devant lui, comme tu le fis, avec la grandeur que la Bible suggère et une forme de royale humilité. Les humbles ont en toi une sœur qui est en même temps fière, car la véritable humilité est fière, préservée de l'orgueil.

Avant de te laisser, je repense au rôle de l'Esprit dans ta vie, et par là dans la nôtre. Tu m'as appris que tout commence sous la mouvance de l'Esprit saint, en son ombre. Lorsque tu avais reçu la visite de l'ange, il t'avait été annoncé : « L'Esprit Saint viendra sur toi, et la puissance du Très-Haut te prendra sous son ombre ; c'est pourquoi l'être saint qui naîtra sera appelé Fils de Dieu » (Luc 1, 28-35). Comme aux premiers matins du monde, tout avait commencé sous la mouvance de l'Esprit : « Au commencement, Dieu créa le ciel et la terre. Or la terre était vide et vague, les ténèbres couvraient l'abîme et un souffle de Dieu agitait la surface des eaux » (Genèse 1, 1-2). Dès le premier verset de la Genèse, la création tout entière est disposée sous le souffle de l'Esprit. Au commencement du monde, le souffle de Dieu couvait les eaux. Il planait comme un aigle immense.

À l'ombre de l'Esprit, Marie, de couvée tu es devenue couveuse. Et lorsque la vie publique de Jésus s'ouvre, c'est encore sous la mouvance de l'Esprit. Après son baptême, « au moment où Jésus, baptisé lui aussi, se trouvait en prière, le ciel s'ouvrit, et l'Esprit Saint descendit sur lui sous une forme corporelle, comme une colombe. Et une voix partit du ciel : "Tu es mon Fils bien aimé, moi aujourd'hui, je t'ai engendré" » (Luc 3, 21-22). Dieu est parfois comparé à un aigle, par exemple au moment de la sortie de l'esclavage d'Égypte (Exode 19, 4). En effet, non seulement l'ombre de l'aigle rassure ses petits, mais surtout l'aigle protège ses petits qui apprennent à voler en se replaçant sous eux, afin de les porter sur ses propres ailes quand ils sont fatigués. L'image de l'aigle et de son ombre t'a appris que l'Esprit de Dieu non seulement nous protège mais nous porte, comme l'aigle ses petits. Être avec toi et les disciples au moment où la peur les quitte, c'est toujours se tenir sous l'ombre bienfaisante et protectrice de l'Esprit Saint, sous cette ombre en laquelle tout commence.

Les femmes enceintes pleurent parfois sans trop savoir pourquoi. Ni joie, ni peine, mais un débordement… Je me souviens de l'une d'entre elles, à la prison, bouleversée de se savoir enceinte, au point que sa peine de prison (courte) lui était devenue indifférente. Oui, elle pleurait de joie ! Le signe que nous sommes bien sous la mouvance de l'Esprit, c'est ce tressaillement, ce bouleversement des entrailles qui nous surprend parfois à notre insu, une sorte de sanglot du dedans.

Chère Marie, durant ces jours, tu m'as appris qu'un fils est toujours un don de Dieu. Et Jésus lui-même tressaille quand il reconnaît que Dieu se révèle aux tout petits, qu'Il fait des tout petits ses fils et ses filles : « À cette heure même, Jésus tressaillit de joie sous l'action de l'Esprit Saint et il dit : “Je te bénis, Père, Seigneur du ciel et de la terre, d'avoir caché cela aux sages et aux intelligents et de l'avoir révélé à des tout-petits” » (Luc 10, 21). Il tressaille comme Élisabeth a pu tressaillir en ta présence. Jésus lui-même tressaille du dedans comme toi, quand il voit en nous des fils du Père. Ce que le Père révèle aux tout petits que nous sommes, et qui réjouit à ce point le Fils, c'est que nous sommes tous des fils de Dieu. Fils et filles, nous sommes tous un don de Dieu. Tu m'as aussi appris que nous avons à faire comme toi. Nous avons à recevoir le Fils de Dieu dans nos existences dès aujourd'hui. Faire de notre vie une crèche et un berceau. Déjà, saint

Augustin le disait : « Que cette naissance se produise toujours, à quoi cela me sert-il si elle ne se produit pas en moi ? Qu'elle se produise en moi, c'est cela qui importe. » Se tenir sous la mouvance de l'Esprit, c'est, avec toi Marie, laisser naître en nous le Fils de Dieu, et entendre pour nous-mêmes la joie du Père qui dit à son Fils : « Tu es mon Fils bien aimé. » Oui, chacun de nous est fille, fils bien-aimé du Père. Oui, tout commence sous la mouvance de l'Esprit.

Notre correspondance va bientôt s'achever. Je voudrais te remercier Marie, de ta simplicité bienveillante, qui ouvre une amitié à toutes celles et ceux qui voudront s'y glisser. Tu es d'accord, n'est-ce pas, c'est pour eux qu'il convient de prier.

Le 15 août.

Chère Marie,

Le temps a passé. Et voilà qu'au milieu de l'été surgit cette fête dont on peine aujourd'hui à identifier le sens, sauf à être très pratiquant, ton assomption. La tradition orthodoxe, plus que d'assomption, parle de dormition pour signifier ce sommeil de la mort qui t'emporte Marie, en ton corps, directement chez Dieu. La dégradation de la mort, la pourriture, n'a rien pu prendre de ta vie, toute remise à ton Dieu. Et à nouveau, tu nous précèdes sur cette voie qui est largement ouverte pour tous, maintenant que la mort est morte.

Je voudrais lire à tes côtés un dernier texte, mystérieux, dont on ne sait de qui il parle. On lit ce texte de l'Apocalypse aujourd'hui, fête de ton assomption. C'est un texte compliqué qu'il faudrait lire au sein de l'ensemble qui l'entoure et raconte à sa façon le mystère pascal (chapitre 8 à 14 de l'Apocalypse). En fait, le trouble décrit dans ces chapitres, scandés par sept trompettes sonnées par sept anges, a l'aspect d'une catastrophe pour qui est loin de Dieu, mais pour qui se tourne vers lui, c'est la victoire du Christ pauvre sur toutes les puissances de mort. Toutes les catastrophes qui semblent s'abattre sur la création sont retombées sur Jésus, se sont concentrées sur lui. Dieu a renoncé à sa puissance et les montagnes en ont été ébranlées. Ton fils a été exposé au regard des nations, mais l'Esprit du Père l'a soulevé de la mort. Alors, le septième ange à trompette clame : « Maintenant le royaume du monde est à notre Seigneur. » Il n'est plus possible de considérer que Dieu est seulement dans le ciel. Il se tient à nos côtés, de façon irrécusable et définitive. Dieu est devenu le plus faible d'entre nous. Devant lui, toute vie se révèle telle qu'elle est, du côté des puissances qui veulent dominer le monde ou du côté de l'amour offert jusqu'à se perdre. Le pivot de l'histoire humaine ne s'est pas déroulé au ciel, mais bien sur terre. Ce qui a été transformé dans la création, l'histoire et l'univers l'a été par des événements qui se sont passés un jour du temps, sur terre, à côté de Jérusalem, en ta présence, Marie. Alors, l'Apocalypse choisit de raconter les conséquences de cela dans le ciel. Le texte choisit la description d'une vision très imagée, qui raconte l'incarnation du Fils de Dieu et la défaite du serpent. Il est important de réaliser que cela est raconté dans l'Apocalypse après la passion et la résurrection. Car la naissance de Jésus n'est pas un préalable à la passion. Du point de vue temporel et chronologique, du point de vue « de la terre », bien sûr que si. Mais du sein de l'éternité, « du ciel », c'est bien le mystère de la passion qui a des effets à rebours jusqu'à la naissance de Jésus.

L'Église a su le dire quand elle a choisi comme oraison pour ta fête, Marie immaculée, de lire ces mots : « Seigneur, tu as préparé à ton Fils une demeure digne de lui par la conception immaculée de la Vierge ;

puisque tu l'as préservée de tout péché par une grâce venant déjà de la mort de ton Fils, accorde-nous, à l'intercession de cette Mère très pure, de parvenir jusqu'à toi, purifiés, nous aussi, de tout mal. »

C'est bien la mort de ton Fils, Marie, qui est première, et qui pousse l'énorme Dragon dehors. Il ne pourra rien contre l'enfant. Mystère insondable.

Un signe grandiose apparut dans le ciel : une Femme ! le soleil l'enveloppe, la lune est sous ses pieds et douze étoiles couronnent sa tête ; elle est enceinte et crie dans les douleurs et le travail de l'enfantement.

Puis un second signe apparut dans le ciel : un énorme Dragon rouge-feu, à sept têtes et dix cornes, chaque tête surmontée d'un diadème. Sa queue balaie le tiers des étoiles du ciel et les précipite sur la terre. En arrêt devant la Femme en travail, le Dragon s'apprête à dévorer son enfant aussitôt né. Or la Femme mit au monde un enfant mâle, celui qui doit mener toutes les nations avec un sceptre de fer ; et son enfant fut enlevé jusqu'auprès de Dieu et de son trône, tandis que la Femme s'enfuyait au désert, où Dieu lui a ménagé un refuge pour qu'elle y soit nourrie 1 260 jours.

Alors, il y eut une bataille dans le ciel : Michel et ses Anges combattirent le Dragon. Et le Dragon riposta, avec ses Anges, mais ils eurent le dessous et furent chassés du ciel.

On le jeta donc, l'énorme Dragon, l'antique Serpent, le Diable ou le Satan, comme on l'appelle, le séducteur du monde entier, on le jeta sur la terre et ses Anges furent jetés avec lui. Et j'entendis une voix clamer dans le ciel : « Désormais, la victoire, la puissance et la royauté sont acquises à notre Dieu, et la domination à son Christ, puisqu'on a jeté bas l'accusateur de nos frères, celui qui les accusait jour et nuit devant notre Dieu. Mais eux l'ont vaincu par le sang de l'Agneau et par la parole dont ils ont témoigné, car ils ont méprisé leur vie jusqu'à mourir. Soyez donc dans la joie, vous, les cieux et leurs habitants. Malheur à vous, la terre et la mer, car le Diable est descendu chez vous, frémissant de colère et sachant que ses jours sont comptés. »

Se voyant rejeté sur la terre, le Dragon se lança à la poursuite de la Femme, la mère de l'enfant mâle. Mais elle reçut les deux ailes du grand aigle pour voler au désert jusqu'au refuge où, loin du Serpent, elle doit être nourrie un temps et des temps et la moitié d'un temps. Le Serpent vomit alors de sa gueule comme un fleuve d'eau derrière la Femme pour l'entraîner dans ses flots.

Mais la terre vint au secours de la Femme : ouvrant la bouche, elle engloutit le fleuve vomi par la gueule du Dragon. Alors, furieux contre la Femme, le Dragon s'en alla guerroyer contre le reste de ses enfants, ceux qui gardent les commandements de Dieu et possèdent le témoignage de Jésus [Apocalypse 12, 1-17].

Qui est la femme ? Est-ce toi Marie ? Est-ce la Création ? Est-ce le peuple hébreu ? Est-ce l'Église ? Toutes les interprétations sont possibles et justes. Tu as toujours été à la fois tout à fait unique, comme chacun de nous, et pourtant, tu as récapitulé dans ta vie le peuple d'Israël, et l'humanité sauvée. On t'a appelée la nouvelle Ève.

Ce qui est sûr, c'est que la victoire a eu lieu. Le ciel, ses anges et toute la création sont venus au secours de la femme, ainsi que les aigles et la terre elle-même car la terre aussi a été sauvée par la victoire de Jésus sur toutes les forces de mort. Le Dragon est perdu, quel que soit son nom, « accusateur » (satan), ou « diviseur » (diable). Il bouge encore, et nous en savons quelque chose, mais son combat est perdu.

Cette victoire, tu en partages la saveur dans la vie de Dieu, et sans doute intercèdes-tu pour nous, dans la gloire où tu te tiens. Je crois que tu parles de nous à ton fils, comme on parle de ceux qu'on aime à celui qu'on aime. L'intercession est une disposition du cœur dont tu es coutumière depuis si longtemps : déjà, à Cana, tu avais vu que le vin manquait et étais allée solliciter Jésus. Apprends-nous Marie, à prier comme toi, à présenter au Père non seulement nos soucis, mais avant tout ce monde, ceux qui nous sont proches et comptent sur notre prière. Apprends-nous à croire que la supplication est une arme plus puissante que toute autre pour changer le cours des choses.

Les mystères du Rosaire se terminent par la célébration de ton couronnement, dont bien sûr, nous ne savons rien. Permets, pour cette dernière lettre, que je te dise ce que j'en comprends avec mes mots.

Quel est donc le secret de ta gloire ? Quel est donc cet éclat dont tu resplendis jusque dans ton couronnement ? La gloire, ce n'est pas d'abord du brillant, c'est de la densité. Aussi, ta gloire, pour moi, c'est simplement la gloire de ta présence, discrètement pleine et entière. Quand tu lavais Jésus enfant qui s'était mis de la confiture partout ; quand tu essuyais ses larmes, ce matin où il était tombé en se faisant un gros bleu au front et que tu embrassais ce front en le consolant (« C'est fini, maman est là ») ; quand tu faisais cuire le pain dans ta maison de Nazareth ; quand tu allais porter un bouquet de fleurs pour les dix ans de mariage de tes amis de Cana ; quand tu aidais Joseph à poncer une table, ou que tu lui tenais l'échelle… tu étais là, absolument et pleinement là. Quand tu courus chez Élisabeth ; quand tu attendais à l'extérieur de la maison que Jésus sortît, et que tu vis un paralytique porté par ses amis, passés par le toit, en espérant secrètement que ton grand fils le guérît ; quand tu caressas ce petit âne, à l'entrée de Jérusalem, qui broutait des marguerites, sans se douter un instant qu'il servirait de monture au Roi des rois et Seigneur des Seigneurs, tu étais là. Cette gloire, tu la partages avec nous. Elle n'est pas réservée à quelques-uns, elle est la gloire de Dieu pour tous, depuis que le Père a choisi comme demeure pour son fils la chair du monde, la chair des hommes, une fois pour toutes. Comme toi, nous pouvons *être là*, présents au monde, aux autres, à notre Dieu et par là à nous-mêmes. Chère Marie, aide-nous à trouver la saveur de cette présence entière et toute simple, infiniment simple, dans chaque instant qui nous est donné. Une vie pleine, fut-elle courte, ce n'est rien d'autre que cela.

Aussi, à l'heure de ta propre mort, tu es là. Tout entière recueillie dans la mort, sans partage ; tout entière recueillie dans l'amour de ton Dieu qui te ravit d'un coup de son amour éblouissant pour te faire partager sa gloire. À l'heure de notre mort, donne-nous d'être là, comme toi Marie tu le fus.

Le 15 août

Te prendre dans ma maison m'a aidée à mieux te découvrir. Tu m'as entrainée dans le mystère de ta vie, unique, toi qui es tout entière comme nous et tout entière donnée à Dieu, et tu nous orientes tout entiers dans ce mystère qui nous attend : le partage de la gloire de Dieu. Intercède pour nous Marie, pour moi, pour ceux que j'aime, et pour toutes celles et ceux qui comptent sur toi, et te prient bravement, pauvrement, comme un ami parle à son ami.

Réjouis-toi, Marie, comblée de grâce
Le Seigneur est avec toi
Tu es bénie entre les femmes
et Jésus, le fruit de ton sein est béni.
Sainte Marie, mère de Dieu, prie pour nous pécheurs,
Maintenant, et à l'heure de la mort. Amen

HYMNE ACATHISTE

Cette hymne byzantine a été composée en 626 pour célébrée la protection de Constantinople, attribuée à la Vierge Marie. On l'appelle Acathiste car on la chante debout.

Un ange, parmi ceux qui se tiennent devant la Gloire du Seigneur, fut envoyé dire à la Mère de Dieu : « Réjouis-toi ! Il incline les cieux et descend, Celui qui vient demeurer en toi dans toute sa plénitude. Je le vois dans ton sein prendre chair à ma salutation ! »

Avec allégresse, l'ange l'acclame :

Réjouis-toi en qui resplendit la joie du Salut
Réjouis-toi en qui s'éteint la sombre malédiction
Réjouis-toi en qui Adam est relevé de sa chute
Réjouis-toi en qui Ève est libérée de ses larmes

Réjouis-toi Montagne dont la hauteur dépasse
 la pensée des hommes
Réjouis-toi Abîme à la profondeur insondable
 même aux anges
Réjouis-toi tu deviens le Trône du Roi
Réjouis-toi tu portes en ton sein Celui qui porte tout

Réjouis-toi Étoile qui annonce le Lever du Soleil
Réjouis-toi tu accueilles en ta chair ton enfant
 et ton Dieu
Réjouis-toi tu es la première de la Création Nouvelle
Réjouis-toi en toi nous adorons l'Artisan de l'univers

Réjouis-toi Épouse inépousée !

La Toute-Sainte répondit à l'ange Gabriel avec confiance : « Voilà une parole inattendue, qui paraît incompréhensible à mon âme, car tu m'annonces que je vais enfanter, moi qui suis vierge. »

Alléluia, alléluia, alléluia !

Pour comprendre ce mystère qui dépasse toute connaissance, la Vierge dit au Serviteur de Dieu : « Comment, dis-moi, me sera-t-il possible de donner naissance à un fils alors que je ne connais pas d'homme ? »

Plein de respect, l'ange l'acclame :

Réjouis-toi tu nous ouvres au secret du Dessein
de Dieu
Réjouis-toi tu nous mènes à la confiance
dans le silence
Réjouis-toi tu es la première des merveilles
du Christ Sauveur
Réjouis-toi tu récapitules la richesse de sa Parole

Réjouis-toi Échelle en qui Dieu descend sur la terre
Réjouis-toi Pont qui unit la terre au ciel
Réjouis-toi Blessure inguérissable pour l'adversaire

Réjouis-toi ineffable Mère de la Lumière
Réjouis-toi tu as gardé en ton cœur le Mystère
Réjouis-toi en qui est dépassé le savoir des savants
Réjouis-toi en qui est illuminée la foi des croyants

Réjouis-toi Épouse inépousée !

La puissance du Très-Haut reposa sur l'Inépousée et comme un jardin au beau fruit, elle porta le Salut pour tous ceux qui désirent le cueillir.

Alléluia, alléluia, alléluia !

Portant le Seigneur dans son sein, Marie partit en hâte chez Élisabeth. Lorsqu'il reconnut la salutation de Marie, l'enfant se réjouit aussitôt, bondissant d'allégresse comme pour chanter à la Mère de Dieu :

Réjouis-toi Jeune pousse au Bourgeon immortel
Réjouis-toi Jardin au Fruit qui donne Vie
Réjouis-toi en qui a germé le Seigneur notre Ami
Réjouis-toi tu as conçu le Semeur de notre vie

Réjouis-toi Champ où germe la Miséricorde
en abondance
Réjouis-toi Table qui offre la Réconciliation
en plénitude
Réjouis-toi tu prépares l'Espérance du Peuple
en marche
Réjouis-toi tu fais jaillir la Nourriture d'Éternité

Réjouis-toi Parfum d'une offrande qui plaît à Dieu
Réjouis-toi en qui tout l'univers est réconcilié

Réjouis-toi Lieu de la bienveillance de Dieu
pour les pécheurs
Réjouis-toi notre assurance auprès de Dieu

Réjouis-toi Épouse inépousée !

Joseph le Sage se troubla, secoué par une tempête de pensées contradictoires. Il te vit inépousée et te soupçonna d'un amour caché, toi l'Irréprochable. Mais, apprenant que ce qui avait été engendré en toi venait de l'Esprit-Saint, il s'écria :

Alléluia, alléluia, alléluia !

Quand les bergers entendirent les anges chanter la venue du Christ en notre chair, ils ont couru contempler leur Pasteur reposant sur le sein de Marie en Agneau Immaculé. Ils exultèrent en chantant :

Réjouis-toi Mère de l'Agneau et du Pasteur
Réjouis-toi Maison des brebis rassemblées
Réjouis-toi Protection contre le loup qui disperse
Réjouis-toi en ta chair s'ouvre la Porte
qui conduit au Père

Réjouis-toi en qui les cieux se réjouissent
avec la terre
Réjouis-toi en qui la terre exulte avec les cieux
Réjouis-toi tu donnes l'assurance à la parole
des Apôtres

Réjouis-toi tu donnes la force au témoignage
des Martyrs

Réjouis-toi inébranlable soutien de notre foi
Réjouis-toi tu sais la splendeur de la grâce
Réjouis-toi en qui l'Enfer est dépouillé
Réjouis-toi en qui nous sommes revêtus de gloire

Réjouis-toi Épouse inépousée !

Les Mages ont vu l'astre qui conduit à Dieu. Marchant à sa clarté comme on saisit un flambeau, ils ont trouvé la Lumière véritable. Tout proches de Celui que personne n'a jamais vu, ils acclament sa Mère :

Alléluia, alléluia, alléluia !

Ceux qui savent lire les signes des astres ont reconnu dans les bras de la Vierge le Créateur des hommes ; dans les traits de Celui qui a pris condition d'esclave ils ont adoré leur Maître. Avec empressement ils l'honorèrent de leurs présents en chantant à la Toute-Bénie :

Réjouis-toi Mère de l'Astre sans déclin
Réjouis-toi Reflet de la clarté de Dieu
Réjouis-toi en qui s'éteint la brûlure du mensonge
Réjouis-toi en qui s'illumine pour nous
la Trinité d'Amour

Réjouis-toi en qui l'inhumaine puissance est défaite
Réjouis-toi tu nous montres le Christ Seigneur
Ami des hommes
Réjouis-toi en qui les idoles païennes sont renversées
Réjouis-toi tu nous donnes d'être libérés
des œuvres mauvaises

Réjouis-toi en qui s'éteint l'idolâtrie du feu païen
Réjouis-toi en qui nous sommes affranchis
du feu des passions
Réjouis-toi tu conduis les croyants vers le
Christ Sagesse
Réjouis-toi Allégresse de toutes les générations

Réjouis-toi Épouse inépousée !

Les Mages s'en retournèrent à Babylone en témoins, porteurs de Dieu. Là ils annoncèrent la Bonne Nouvelle et accomplirent les Écritures en te proclamant devant tous comme Messie. Hérode resta seul, livré à sa sottise, incapable d'entrer dans la louange :

Alléluia, alléluia, alléluia !

Ô Sauveur, tu as porté en Égypte l'éclat de la vérité et tu en as chassé les ténèbres du mensonge. Les idoles du pays de l'esclavage se sont placées sous ta puissance et ceux que tu as ainsi délivrés du péché se tournent vers la Mère de Dieu pour lui chanter :

Réjouis-toi en qui l'homme est relevé
Réjouis-toi en qui les démons sont défaits
Réjouis-toi tu démasques le piège des idoles

Réjouis-toi Mère où trouve sa perte le Pharaon
qui se tient dans l'esclavage du péché
Réjouis-toi Rocher d'où jaillit la Source
qui abreuve les assoiffés
Réjouis-toi Colonne du Feu qui illumine
notre marche dans la nuit
Réjouis-toi Manteau aussi vaste que la Nuée
pour ceux qui sont sans recours

Réjouis-toi tu portes le vrai Pain du ciel
qui remplace la manne
Réjouis-toi Servante du Festin où nous avons part
aux réalités du ciel
Réjouis-toi Belle terre de la foi où s'accomplit
la Promesse
Réjouis-toi Pays ruisselant de lait et de miel

Réjouis-toi Épouse inépousée !

Lorsque Siméon fut au seuil de la mort, Seigneur, tu lui fus présenté comme un enfant mais il reconnut en toi la perfection de la Divinité. Plein d'admiration pour ton Être qui n'a pas de fin, il chanta :

Alléluia, alléluia, alléluia !

À Marie

Le Créateur a fait une Œuvre Nouvelle lorsqu'il se rendit visible à nos yeux. Il a pris chair dans le sein d'une vierge en la gardant dans son intégrité, pour qu'à la vue de cette merveille nous chantions :

Réjouis-toi Fleur de l'Être inaltérable de Dieu
Réjouis-toi Couronne de son amour virginal
Réjouis-toi Figure qui resplendit de la
Résurrection du Seigneur
Réjouis-toi tu partages avec les anges la
clarté du Royaume

Réjouis-toi Arbre dont le Fruit splendide nourrit
les croyants
Réjouis-toi Feuillage dont l'ombre procure
la fraîcheur aux multitudes
Réjouis-toi tu enfantes la rançon des captifs
Réjouis-toi tu portes dans ta chair le Guide
des égarés

Réjouis-toi notre Avocate auprès du Juge
juste et bon
Réjouis-toi en qui arrive le pardon pour la multitude
Réjouis-toi Tunique d'espérance pour ceux
qui sont nus
Réjouis-toi Amour plus fort que tout désir

Réjouis-toi Épouse inépousée !

Quand nous contemplons cet enfantement inhabituel nous devenons étrangers à notre monde habituel et notre esprit se tourne vers les réalités d'en haut. Car le Très-Haut s'est révélé aux hommes dans l'abaissement pour élever ceux qui croient en lui.

Alléluia, alléluia, alléluia !

Le Verbe que rien ne contient a pris chair dans notre condition humaine sans cesser d'être Dieu. En venant habiter le monde d'en-bas, il n'a pas quitté pour autant les réalités d'en-haut, mais il est descendu tout entier dans le sein d'une Vierge qu'il a habitée de sa divinité :

Réjouis-toi Temple du Dieu de toute immensité
Réjouis-toi Porche du Mystère enfoui depuis
les siècles
Réjouis-toi incroyable nouvelle pour les incroyants
Réjouis-toi Bonne Nouvelle pour les croyants

Réjouis-toi Vaisseau choisi où vient à nous Celui
qui surpasse les Chérubins
Réjouis-toi Demeure très sainte de Celui
qui siège au-dessus des Séraphins
Réjouis-toi en qui les contraires sont conduits
vers l'Unité
Réjouis-toi en qui se joignent la virginité
et la maternité

Réjouis-toi en qui la transgression reçoit le pardon
Réjouis-toi en qui le Paradis s'ouvre à nouveau

À Marie

Réjouis-toi Clef du Royaume du Christ
Réjouis-toi Espérance des biens éternels

Réjouis-toi Épouse inépousée !

Tous les anges du ciel ont été frappés de stupeur devant la prodigieuse œuvre de ton Incarnation, Seigneur, car toi le Dieu que nul n'a jamais vu, tu t'es rendu visible à tous et tu as demeuré parmi nous. Tous nous t'acclamons :

Alléluia, alléluia, alléluia !

Devant toi, ô Mère de Dieu, les orateurs bavards sont muets comme des poissons, incapables de dire comment tu as pu enfanter et demeurer vierge. Remplis d'étonnement, nous contemplons en toi le Mystère de la Foi :

Réjouis-toi Trône de la sagesse éternelle
Réjouis-toi Écrin du dessein bienveillant de Dieu
Réjouis-toi tu conduis les philosophes
aux limites de leur sagesse
Réjouis-toi tu mènes les savants aux frontières
du raisonnement

Réjouis-toi devant qui les esprits subtils deviennent
hésitants
Réjouis-toi devant qui les littérateurs perdent
leurs mots
Réjouis-toi devant qui se défont les raisonnements
les plus serrés

Réjouis-toi car tu montres Celui dont la Parole
agit avec puissance

Réjouis-toi en qui nous sommes tirés de l'abîme
de l'ignorance
Réjouis-toi en qui nous accédons à la plénitude
du Mystère de Dieu
Réjouis-toi Planche de salut pour ceux
qui aspirent à la pleine vie
Réjouis-toi Havre de paix pour ceux qui se débattent
dans les remous de leur vie

Réjouis-toi Épouse inépousée !

Dans sa volonté de sauver toute sa création, le Créateur de l'univers a choisi d'y venir lui-même. Pour refaire en nous son image à sa ressemblance divine, il est devenu l'Agneau, lui notre Dieu et notre Pasteur.

Alléluia, alléluia, alléluia !

En toi Vierge Marie, Mère de Dieu, trouvent refuge ceux qui ont fait choix de virginité et qui se tournent vers toi. Car le Créateur du ciel et de la terre t'a façonnée, ô Immaculée, en venant demeurer dans ton sein. Tous, il nous apprend à t'acclamer :

Réjouis-toi Mémorial de la virginité
Réjouis-toi Porte du Salut
Réjouis-toi premier fruit du Royaume Nouveau
Réjouis-toi en qui resplendit la merveille
du don gratuit

Réjouis-toi en qui sont régénérés les esprits accablés
Réjouis-toi en qui sont fortifiés ceux que
leur passé a blessé
Réjouis-toi car tu enfantes Celui qui nous délivre
du Séducteur
Réjouis-toi car tu nous donnes la Source
de la chasteté

Réjouis-toi Chambre nuptiale où Dieu épouse
notre humanité
Réjouis-toi tu confies au Dieu d'amour ceux
qui se donnent à lui
Réjouis-toi Nourriture du Seigneur pour
ceux qui ont pris le chemin de virginité
Réjouis-toi tu conduis les croyants à l'intimité
avec l'Époux

Réjouis-toi Épouse inépousée !

Toutes nos hymnes de louange sont impuissantes à chanter, Seigneur, la profusion de ta miséricorde infinie. Seraient-elles aussi nombreuses que le sable de la mer, jamais elles ne parviendraient à égaler la richesse du don que tu nous as fait.

Alléluia, alléluia, alléluia !

Nous contemplons dans la Vierge sainte le flambeau qui a porté la Lumière dans les ténèbres. Embrasée par la flamme du Verbe de Dieu qu'elle accueille dans sa chair, elle conduit tout homme à la connaissance de

Dieu, illuminant l'intelligence de sa Splendeur. Joyeusement nous l'acclamons :

Réjouis-toi Aurore du Soleil levant
Réjouis-toi Flambeau qui porte la Lumière véritable
Réjouis-toi Éclat de Celui qui illumine notre cœur
Réjouis-toi devant toi l'Ennemi est frappé de terreur

Réjouis-toi Porte de la Lumière étincelante
Réjouis-toi Source d'une Eau jaillissant
en Vie éternelle
Réjouis-toi Image vivante de la piscine du baptême
Réjouis-toi en qui nous sommes lavés de
la souillure du péché

Réjouis-toi Bassin où nous est donné
un esprit renouvelé
Réjouis-toi Coupe où nous puisons la Joie
Réjouis-toi en qui nous respirons le parfum du Christ
Réjouis-toi Source intarissable d'allégresse

Réjouis-toi Épouse inépousée !

Il a voulu faire grâce des anciennes dettes à tous les hommes. De lui-même il est venu habiter chez les siens, parmi ceux qui vivaient loin de sa Grâce et déchirant leurs billets de créance, il entendit de toutes les bouches sortir cette acclamation :

À Marie

Alléluia, alléluia, alléluia !

Nous voulons, ô Mère de Dieu, chanter ton enfantement, te louer comme le Temple vivant que le Seigneur a sanctifié et glorifié en demeurant dans ton sein, lui qui tient tout dans sa Main :

Réjouis-toi Tabernacle du Dieu vivant
Réjouis-toi Sanctuaire qui contient le Seul Saint
Réjouis-toi Arche de la Nouvelle Alliance dorée
 par l'Esprit
Réjouis-toi Trésor inépuisable de la Vie

Réjouis-toi Diadème de grand prix pour
 les gouvernants
Réjouis-toi Gloire vénérable des prêtres de Dieu
Réjouis-toi Solide Tour qui garde l'Église
Réjouis-toi Rempart inébranlable de la Cité

Réjouis-toi en qui surgit le Trophée
 de notre victoire
Réjouis-toi en qui sonne la déroute de notre Ennemi
Réjouis-toi Guérison de mon corps
Réjouis-toi Salut de mon âme

Réjouis-toi Épouse inépousée !

Ô Mère bénie entre toutes, toi qui as enfanté le Verbe de Dieu, le Seul Saint, reçois l'offrande de notre prière.

Hymne acathiste

Garde-nous de tout malheur et de toute menace, nous qui te chantons d'un même cœur :

Alléluia, alléluia, alléluia !

Merci à mes relecteurs et relectrices fidèles, sœurs Françoise-Chantal et Christine, Claire, Pascal, et plus que tout Sophie de Soras et ses commentaires bienveillants, précis et toujours pertinents.

Table des matières

Composition : Nord Compo

Achevé d'imprimer en octobre 2022
dans les ateliers de Normandie Roto Impression s.a.s.
61250 Lonrai (Orne)
N° d'impression : 2205314
Dépôt légal : novembre 2022

Imprimé en France